平尾誠二を語る

橋野薫　込山駿　著

草思社

はじめに

2019年10月13日夜、横浜国際総合競技場前の交差点。赤白のラグビー日本代表ジャージーを着た20歳代の「にわかファン」らしき2人組の会話が、信号待ちの間に聞こえてきた。もちろん、スコットランドを破ってワールドカップ（W杯）ベスト8進出を果たしたジャパンの歴史的名勝負を見届けられた喜びを語り合っていた。

「でかい相手に日本がスクラムで押し勝つのって、スゲーよな」

「なんか、それが勝ちパターンになってない？」

驚いた。日本の華麗なトライが4本も決まった勝利の興奮冷めやらぬ中、2人の会話は地味な力くらべをテーマに盛り上がっている。スクラムの攻防を制することが、どれだけチームを勢いづけ、勝負の行方を左右するものなのか、2人ともしっかり気づいていた。どうやら、にわかファンは卒業していたようだ。

日本の今大会を全試合現地で取材してきて、スクラムで押し勝った場面でスタジアムにとどろく「ウォー」という歓声が、勝利を重ねるごとに音量を増してきたことも実感していた。日本人のラグビーに対する理解は、W杯前とはくらべものにならないほど深まっている。そう確信した。

これならば、W杯後もきっと、濃密なラグビーの情報のニーズはある。いけるんじゃないか。2週間前にウェブ上で書き終えたラグビー連載の記事に、世界中を熱狂させているW杯日本大会の話も書き加えて情報更新すれば、もっと面白い読み物になる。関連書籍はすでに数多く世に出ているけれども、その中にあっても新鮮味のある本として、大会後の読者に受け入れられるのではないか。

何よりも、W杯日本大会のドラマを語るうえで、亡き「ミスターラグビー」の軌跡は欠かせないし、大会後にこそ、じっくり読まれるべきだという気がしてならない。

そんなスポーツ記者の端くれとして抱いた思いに、草思社が共鳴してくださって、この本は生まれた。

「ラグビーの歴史ものを、何か連載してくれないか」

2018年秋、読売新聞オンラインのラグビーW杯日本大会特集ページを担当する同僚編集者から、そんな注文を受けた。私、込山は約10年間在籍した運動部の記者時代から断続的にスポーツ取材を続けてきて、その夏のサッカーW杯では歴史もの連載をわりと強引に志願して書いていた。どうせお前、今度も何かしら書くんだろう？　っていうか書けよ！　そんな空気が、周囲に立ちこめていた。

ちょっと困った。私にはラグビー担当記者をした経験がない。以前からの人脈をたどったり、昔のメモや文献を引っ張り出したりしながら、サッカーではまとまった分量の記事を仕立てられたが、それは長く取材してきた競技だったからだ。ラグビーは好きで見続けてきたけれども、そういう取材の蓄積はない。その日、オフィスにいた間は、いつものごとくノー・アイデア。夜遅く、会社のビルを出た瞬間に思い至った。

そうだ、平尾誠二さん（1963～2016年）でいこう――。

平尾さんの記憶は、1973年3月生まれの私にとって、「ラグビー観戦原風景」の中心にある。小学校高学年の頃、テレビドラマ『スクール・ウォーズ』が大ヒットし、それがラグビーという競技をはっきり認識するきっかけになった。ドラマのモデルの一人だった平尾さんは当時、大学ラグビーの最強チームだった同志社大学のヒーローとして脚光を浴びていた。口ひげを蓄えた若手トップスポーツ選手も日本には当時、とても珍しく、ダンディーな容姿が印象に残っている。

社会人ラグビーで神戸製鋼のV7を牽引し、日本代表でも奮闘した頃の姿も、目に焼きついていた。2016年の悲報には衝撃を受けたし、ノーベル賞医師の山中伸弥さんがよんだ平尾さんへの弔辞にも胸を打たれた。

選手として、指導者として、1980年代から輝きを放ち続けた平尾さんの軌跡に迫れば、ここ40年ほどの日本ラグビー史を浮き彫りにすることができるのではないか。W杯日本大会の開催実現までの秘話にも、きっとあれこれかかわっている。ゆかりの人々にインタビューして思い出を語ってもらえば、いい連載を書けるはずだと考えた。

ラグビーの知識や人脈については、運動部記者時代の先輩を引っ張り出して補ってもらう手立てを思いついた。私より8つ年上の橋野薫さんは、大阪本社の運動部で長くラグビー担当記者を務め、同志社大学ラグビー部では平尾さんが4年生のときの1年生という後輩だ。記者職を離れ、当時は人事部でデスクワークにあたっていたが、「W杯イヤーに、またラグビー記事を書けるのはうれしいわ」と言ってくれた。本業の合間を縫い、メインライターとして取材・執筆を私とともにしてくれることになった。

かくして、読売新聞オンラインの連載「平尾誠二を語る」は始動した。

インタビューは、２０１８年12月から19年9月のW杯開幕直後にかけて行った。断られることも覚悟のうえで多忙な著名人に申し込んだ取材もあったが、最終的にはことごとく実現した。どなたも、きのう会った友だちのエピソードを話すような口ぶりで、楽しいことも切ないことも語り尽くしてくださった。

みなさんから、臨場感たっぷりの興味深い話ばかり、たて続けに聞きすぎたせいではないかと思う。私はいつしか、自分が平尾さんと一度もお目に掛かったことがないことをコロッと忘れて、「いやぁ、いかにも平尾さんらしい行動ですね」などと口走るようになった。W杯中も、日本が勝つたびに「どこかでご覧になっていますよね、平尾さん」と胸中で呼びかけたりしていたのだから、我ながらなれなれしいにもほどがある。「おぉ、見てたよ。で、君誰や？」と、空のどこかであきれ返っておられるだろうか。

まあ、そのくらい夢中で取材・執筆した連載だったということで……。

インタビュー内容は出し惜しみせず、存分に書き込んだ。毎回10枚前後のカット写真を添え、動画も加えた。記事は18年12月27日から19年9月27日まで、２か月に3本ほどのペースで、計14本を掲載できた。原稿の長さや使用写真の枚数に制限がないウェブ記事の特性をできるかぎり活用しようというのが、編集上の狙いだったが、その結果として私たち2人とも新聞記者時代には書いたことがないほど長大な連載となった。

書籍化にあたって、日本代表メンバーの平尾さんに関する発言を集めたり、平尾家のみなさんからメッセージをいただいたりすることができたので、巻末近くに収録した。ラグビー連載なのに記事が14本で終わってしまった……というかすかな心残りを解消する「15本目」を加えられた気がしている。

話の前置きが長いのが悪癖の一つだと、たびたび批判を浴びてきた。もうこのくらいにしておかなくては。「オオカミの目と自由な心」を持つ希代のラガーマンと、間近で走った素敵な人々が織りなす物語を、どうぞお楽しみください。

読売新聞オンライン記者・込山駿

平尾誠二を語る　目次

＊本書は読売新聞オンラインに連載された「平尾誠二を語る」(https://www.yomiuri.co.jp/rugbyworldcup/hiraoseiji/) を再構成し、加筆・修正したものです。
本文中は原則として敬称略とさせていただきました。

平尾誠二（ひらお・せいじ）

1963年1月21日生まれ。地元の京都市立陶化中でラグビーを始めた。京都市立伏見工高2年で全国大会ベスト8。3年で全国制覇。同志社大に進み、中心選手として史上初（当時）の大学選手権3連覇に貢献した。卒業後は約1年間の英国留学を経て神戸製鋼入り。新日鉄釜石と並ぶ日本選手権7連覇を成し遂げた。

同志社大2年の1982年、当時の史上最年少となる19歳4か月で日本代表キャップを獲得。通算35キャップ。W杯には1987年の第1回から3大会連続出場。91年大会は主将を務め、ジンバブエ戦で日本をW杯初勝利に導いた。現役時代のポジションはスタンドオフ、センター。

97年、34歳で日本代表監督に就任し、99年のW杯で指揮をとったが、白星なしで敗退した。神戸製鋼ゼネラルマネジャー、日本ラグビー協会理事、日本サッカー協会理事、ラグビーW杯2019組織委員会理事なども歴任。2016年10月20日、胆管細胞がんのため、53歳で死去した。

1 「平尾さんやったら、どうするかな」と考えます

京都大学iPS細胞研究所長 山中伸弥（57）

平尾誠二の墓はJR新神戸駅近くの広い霊園の中に立つ。2019年の春、山中伸弥は妻と2人で足を運んだ。平尾が眠る場所は、事前に聞いていた。すぐにわかる、と高をくくっていたのだが、なかなか見つからなかった。急な坂道を上り下りし、長い時間探し歩いた。ようやくたどり着いたとき、山中は完全に我を忘れた。

「あぁ、ここや——と思ったら、墓石に抱きついていたんです。自分でもびっくりしました。墓石に抱きつくなんて、生まれてはじめてだし、たぶん最後だと思います。なんだか久しぶりに平尾さんと会えた感じがして、うれしくて」

平尾自筆の「自由自在」という文字が刻まれた墓は、霊園の中でもとりわけ見晴らしのいい場所にある。神戸の街並みに連なり、ヨーロッパやアジアなどの港と定期航路で結ばれている神戸港も見渡せる。神戸製鋼のヒーローで、地元をこよなく愛する一方、ラグビーを通して常に世界を見ていた平尾にふさわしいロケーションといえるだろう。

「神戸の街があれだけ一望できる場所は、なかなかありません。（平尾の妻の）恵子さんが一生懸命、探されたんだと思います。変な言い方ですが、彼を待っていたようなところです」

墓が建立された2019年1月には、家族や親しい友人らが集まって、納骨の会も催された。山中が墓参りしたのは、それから数か月がたってからのことだ。すぐにでも手を合わせに行きたかったところを、自重した。

「僕が平尾さんと一緒に過ごしたのは、亡くなるまでの最後の数年だけなんです。まずお墓に行くべきは、彼と一緒にラグビーをやっていた仲間だと思いました。僕はそういうみなさんが墓参りに行かれてからにしようと。それで、遅くなりました」

山中の慎み深い人柄と、相手やそのまわりの人をたがいに思いやって築いた平尾との仲を象徴するような振る舞いだ。在りし日の平尾もまた、山中がノーベル生理学・医学賞を受賞した2012年、すぐに連絡するのは控え、大騒ぎが一段落した頃を見計らって祝いの言葉を贈っている。

はじめての対談で、山中伸弥（右）にラグビーボールをプレゼントする平尾誠二

畑違いの同学年、初対談から意気投合

ラグビー界のレジェンド・平尾は1963年1月生まれ、医学研究のトップランナー・山中は62年9月生まれ。2人は40歳代後半だった2010年9月、平尾が10代だった頃から密着撮影してきた写真家で書籍編集者の岡村啓嗣《ひろつぐ》が企画した週刊誌の対談で、はじめて顔を合わせた。この対談の内容は、平尾が世を去った約1年後に山中と平尾夫妻の共著として出版されたベストセラー『友情』（講談社）に詳しい。

神戸大の医学生時代にラグビー部員だった山中にとって、同じ学年の平尾はまさにヒーローだった。伏見工高や同志社大時代の平尾のプレーに胸躍らせ、あこがれを募らせて自身も楕円球を追うようになったと、楽しげに打ち明けている。

「先生にそういう影響を与えたっていうのは大変光栄ですね。家に帰って自慢できるな」と笑った平尾は、山中が研究するiPS細胞（人工多能性幹細胞）について対談前に入念に調べてきたようで、研究を再生医療で実用化するうえでの課題などについて鋭い質問を連発した。大いに盛り上がった対談のテーマは、部下の叱り方や指導法、海外留学の意義、日本人が世界で活躍する方法まで、多岐にわたった。

最初の対談から間を置かず、2人は酒席をともにし、ゴルフに興じた。それからは1、

平尾が眠る墓。左が正面で、右は墓の背後から見渡す神戸の街

2か月に一度会い、メールも頻繁にやりとりするように。やがては家族ぐるみで親しい間柄になった。たがいに「素」のままで付き合え、尊敬し合える友ができたことを喜び、幸せを感じていた。それなのに――。

闘病の分岐点「あの新薬を続けたかった」

2015年9月12日未明、平尾は自宅で吐血する。検査を受けると、その日のうちに胆《たん》管《かん》細胞がんが判明した。

平尾は翌日、山中に家族以外では最初に病状を打ち明け、治療の相談を持ちかけた。病院に駆けつけた山中は、CT(コンピュータ断層撮影)を見て、親友の深刻な病状にショックを受けた。がんは進行し、すでに肝臓の中に広がっていた。

「こんなにも進んでいるのかと、愕然としました。手術もできない状況で、医師によってはターミナルケア(終末医療)を勧める方もおられるくらいでした」

患者自身が気力を失ってしまいかねないケースとも思われたが、平尾は違った。あきらめることなく、がんに立ち向かった。

「彼は全然、動じなかった。まったく、ひるむ様子がなかった。『しゃあないわ、先生』

1990年１月、早稲田大との日本選手権でトライを決める平尾

という感じで、元気だったときから何も変わらない平尾さんのままだった。いろんな治療をすると、副作用も起こりうるのですが、できることは一緒にやろうと。彼にもご家族にも『最後まで闘う』という選択肢しかなかった。そういう姿を見ていると、ここでゲームオーバーというのはありえないなと思いました」

平尾は免疫療法に活路を見いだそうとした。体内の免疫力を高めることによって、がん細胞を排除する治療法である。これは、山中のアドバイスを受け入れての決断だった。がんの専門医ではないものの、医学に精通する山中が最先端の情報を集め、どんな治療が最善なのかを考え抜いて選んだ道だ。

「彼にはぜひ免疫療法をしてほしいと思いました。以前の免疫療法には科学的根拠が少ないものもあったのですが、ちょうどその頃、しっかりした根拠を持ち、一定の割合で効果がある免疫療法が登場したんです。ほかに手の施しようがないほどの末期がんから、劇的に回復する人がいたし、劇的な回復ではなくても、がんと『平和共存』できる人もいました」

まず、イギリスの製薬会社が開発した新薬を用いる免疫療法に取り組んだ。その薬は、皮膚や肺など一部のがんにしか投与が認められていなかったが、それ以外のがんにも「治験」という形でならば使える可能性があった。治験とは、新しい医薬品や医療機器の安全性と効果を確認し、国から承認を受けるために行う臨床試験だ。

山中は国内のある医師が治験を実施するという情報をつかみ、その対象患者として平尾をエントリーした。

「平尾さんは、数少ない治験の対象患者になれたんです。タイミング的には1、2か月早くても遅くてもだめだったと思います。ある意味で運がよかったから、治験をやってみることができました」

だが、治験は数回で打ち切りとなった。担当医が治験終了を平尾に告げたときには、山中も同席した。山中は今なお、残念でしかたない。

「続けたかったんですよ。僕の目から見ると、平尾さんが受けた治験には一定の効果がありました。劇的な効果ではなかったんですが、平和共存しているんじゃないかと考えられました。あれだけがんが広がっているのに、それ以上悪くならないし、講演などの仕事を続けることができていましたから」

「ただ、治験には枠組みというものがあって、非常に厳密な決まりでやっています。平尾さんだから続けるとか、僕だから続けるとか、そういうことは一切ありえません。劇的な効果があった場合は治験を続けるけれども、それがなかったら終了と決まっていたんです。続けられたらどうなっていたか、わかりません。ラグビーでも何でも、『たられば』を言ったってしかたがない。でも、もしかしたら今回のワールドカップを、がんと平和共存したまま迎えられた可能性があったというのが……。僕の心残りです」

その後、治療は抗がん剤などに切り替わった。

真骨頂のひと言「先生、これ世界初なんか」

2016年の夏からは、1回目とは別の薬を使った免疫療法にもトライした。

免疫療法の治療薬としてよく知られるオプジーボだ。2018年にノーベル生理学・医学賞を受賞した本庶佑《ほんじょたすく》・京都大特別教授らの研究成果をもとに開発された。オプジーボも当時、治験が少しずつ始まっていて、平尾家はこれもぜひ受けたいと熱望した。ただし、1回目ではイギリスの会社が作った新薬を用いて2回目でオプジーボという組み合わせの治験は、山中が調べたかぎりでは前例がなく、副作用などのリスクが未知数だった。

「僕は平尾さんに『こういう順番で投与するのは、おそらく世界ではじめてだと思う。だからどうなるかわからない』と、正直に説明しました。心配するかなと思っていたのに、あの反応には本当に驚きました」

「『そうか、先生、これ世界初なんか』って、ものすごくうれしそうにしたんです。隣りにおられた奥さんに『聞いたか。俺ら世界初のことやってるんやって』と、すごく楽しそうに言うんですよ。『コイツ、なんちゅうヤツや』と思って……。彼の生きざまだと思います。常識にとらわれない。そして、自分の命が大変な状態のときでさえ、まわりには心配させないでおこうという思いやりがあった。特に、奥様に対して。それが決して演技している感じじゃなかった。あの場面は忘れられないです」

しかし、2回目の治験でも平尾の病状に劇的な回復はなく、２０１６年10月20日に闘病生活は終わりを告げた。その間際にも、山中は平尾の生きざまに激しく胸を打たれている。それは、当時アメリカに留学中の大学生だった平尾の長男・昂大《こうた》との親子関係にまつわる一幕だった。

「平尾さんが闘病を始めてから、昂大君はときどき日本に帰ってきては、また向こうに戻り、ということを繰り返していました。亡くなる前日、僕が出張から帰って病室を訪ねると、日本に来ていたはずの昂大君の姿がなかった。奥様に尋ねたら『先ほどアメリカに帰りました。男同士の固い握手をして、主人が帰らせました』と言うんです。僕はびっくりしました。あのとき、平尾さんはまだ意識はありましたが、今日明日に亡くなってもおかしくない状況だったんです。それなのに、握手して帰ったのか、帰らせたのかと」

「以前から、平尾さんは息子さんに『男っちゅうのは、親の死に目なんかより大切なもんがある』と言いきっていました。本当に悪い状態になっても、教育法をブレずに貫き通すんだなと。奥様もすごいし、昴大君もすごい。翌朝に亡くなりまして、昴大くんはまた、とんぼ返りで帰ってきました」

親友として、また一人の医師として、山中は平尾と家族に親身なアドバイスを送り続け、1年余りの闘病に最後まで寄り添った。2017年2月10日、平尾をしのぶ「感謝の集い」では、こんな弔辞をよんだ。

「きみと一緒に過ごせて最高に幸せでした。平尾さん、ありがとう。そして、きみの病気を治すことができなくて、本当にごめんなさい」

「重い病気にかかった友だちと、最後に一緒に仕事をしたい」

闘病中にも、平尾と山中は対談の仕事をしたことがある。亡くなる8か月前の16年2月、神戸で開かれた会合で、主にラグビーとワールドカップのことを語り合った。仕事で対談したのは、これが最後になったけれども、それまで同様に明るく楽しく話が弾んだ。

この対談は、実現までの経緯も、山中にとって思い出深い。

「彼が、恩人の一人から僕と対談してほしいと頼まれて『先生、こんな話あるけど、やりませんか』と誘ってくれました。一緒に仕事できる最後のチャンスかもしれないから、僕はすごくやりたかった。ただ、同じ日にアメリカで非常に大切な仕事があって、それは1年以上前から決まっていた。時差の関係で、神戸の対談のあとで渡米しても、もしかしたら間に合うかなと、あらゆる航空会社の便を調べたんですが、間に合わなかった」

やむなくいったん対談を断ったが、その後、活路が開けた。

山中はある知人に思い当たった。プライベートジェットを持ち、定期的に神戸空港からサンフランシスコへ渡っているという人物だ。

「非常に重い病気にかかった友だちと、最後に一緒に仕事をしたい。プライベートジェットで神戸空港から飛び立てば、アメリカでの仕事にも間に合うんです。もしかして、そのタイミングで渡米する予定はありませんか——と聞いてみました。そうしたら『わかりました。一緒に行きましょう』と言ってくださって」

一転して実現した平尾との対談を夕方に終え、その足で神戸空港へ。機内に足を踏み入れて、山中は驚いた。客室には誰もいなかったのだ。

「その飛行機に乗るのは、僕だけだったんです。僕だけのためにプライベートジェットを飛ばしてもらったおかげで、対談もアメリカでの仕事も両方、間に合いました。平尾さんが亡くなったあとで、病気の友だちというのがじつは平尾さんだったと、その方に打ち明けたところ『そうだったんですか』と。世の中にはすごい方がおられますね。平尾さんの病状は一切口外しませんでしたが、神戸をたつ前に『重い病気というのは誰ですか』と聞かれたら正直に答えようと思っていたんです。でも、何も聞かれなかった」

「いや先生、行ける、行ける」という声が聞こえてきた

一度だけ平尾とラグビーのパス交換を楽しんだときに、山中は「先生、ヘタやな」と笑われてしまった。だが、マラソンの市民ランナーとしては「ホンマ、尊敬するわ」と一目置かれていた。

山中は2017年2月19日に出場した京都マラソンで、54歳にして3時間27分45秒の自己ベストをマークした。走りながら、約4か月前に他界したはずの平尾の声が右耳のそばから聞こえてきた。

「ちょっとオーバーペースだなと思っていたんですが、途中から『いや先生、行ける、行ける』っていう声が聞こえてきました。声を信じて、そのままのペースで行ったら、本当に行けちゃって。自分では絶対に切れないと思っていた3時間30分を切ることができました。その前の大阪マラソンでは、平尾さんは出てきてくれなくて、途中でバテました。や

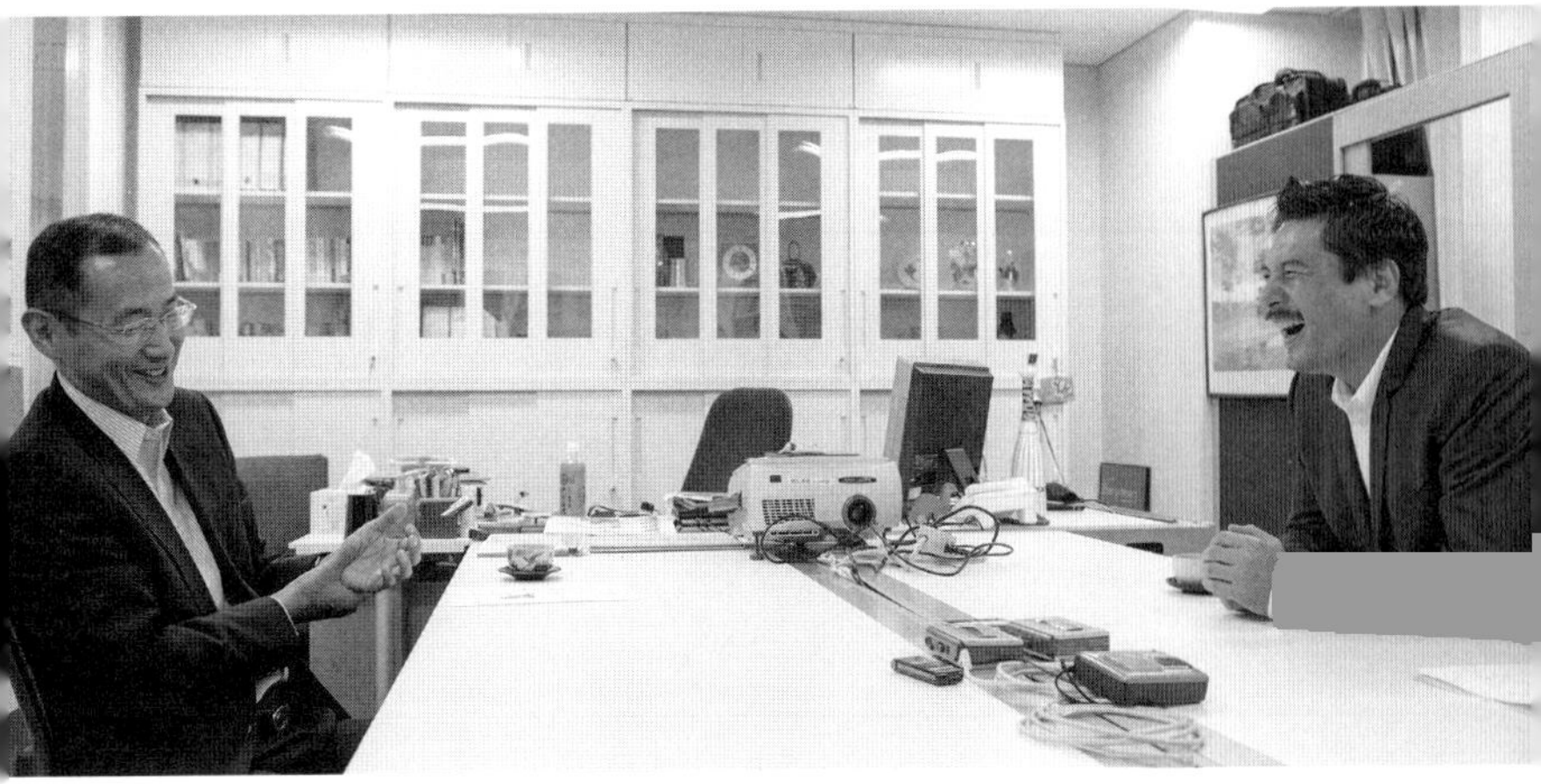

初対談での明るい笑顔。２人の間にはいつも、笑いが絶えなかった

っぱり生まれ育った京都には出てきてくれるんか、と思いましたね」

山中は2018年秋から19年春にかけ、各方面からの要請もあって、11月に大阪、2月には京都、3月には東京と、マラソンをたて続けに3本も走り、好記録で周囲を驚かせた。レースのたびに平尾の記憶を呼び覚まし、心中に響く声と語らいながら走るのが、もはや習慣になっている。

「2年前の京都は、頼みもしないのに……、いや頼みもしないのになんて言ったら大変失礼ですけど、平尾さんが出てきてくれて声が聞こえました。今は自分が苦しくなったら、闘病中の平尾さんを思い出すようにしています。こんなことには負けてられへんと思えますので。まあ、平尾さんに強制的にマラソンに出場してもらっているわけです」

平尾を心のよりどころにするのは、マラソンのときばかりではない。つらいことや大問題が起きると、思い出すようにしているという。

18年1月、京大iPS細胞研究所の研究者がアメリカの科学誌に発表したiPS細胞に関する研究論文に、捏造《ねつぞう》や改ざんが発覚した。不正があった論文の研究費には、研究所に集まった寄付金が使われていた。監督責任を問われて処分を受けた所長の山中は、さらに自身の給与相当分を研究所の基金に寄付することにした。

「こういうことがあると、『平尾さんやったら、どうするかな』と考えますね。大問題な

2018年11月の大阪マラソンで両手をあげてゴールする山中

んて、あんまり起こってほしくないですけれども。平尾さんのまわりにはいろんな組織のトップの方々が集まっていました。彼だったらどうするかと考える人は、僕だけじゃないでしょう。彼に影響を受けた多くの人が、そう思うことがあるはずです」

友が夢見たW杯、スタジアムで観戦

平尾の悲願だったラグビーW杯日本大会を約1年後に控えた2018年、W杯の試合会場の一つで日本ラグビーの聖地でもある東大阪市花園ラグビー場は、平尾に「感動大使」の称号をささげた。同時に、山中も花園でのラグビーイベントの「応援大使」に任命された。山中は親友への思いを胸に、イベントのパンフレットにメッセージを寄せ、東大阪市の学校教育にも協力した。iPS細胞の臨床応用が進んで、さらに多忙を極める中、その合間を縫うように、ラグビーのために力を尽くした。

2019年9月20日から11月2日まで行われた本大会は、日本—ロシアの開幕戦を、平尾の家族と一緒に東京スタジアム（東京都調布市）で観戦した。平尾のマスコット人形を持ち、日本の赤白ジャージーを身に着けて観客席に座った。平尾が監督を務めた1999年のW杯で選手として奮闘したジェイミー・ジョセフがヘッドコーチ（HC）として指揮し、

平尾の闘病に寄り添った日々を振り返る山中

平尾が愛した神戸製鋼の選手を何人も擁するチームを、一生懸命に応援した。松島幸太朗の3トライなどで日本が30―10で勝利を挙げると、拍手と歓声で喜んだ。

開幕戦だけでなく、南アフリカ―イングランドの決勝も、山中は平尾家と席を並べて現地で観戦した。はじめてベスト8入りを果たしたジャパンの快進撃については、2戦目以降はテレビ中継で見守った。

「日本代表はW杯に向けたこの8年間で、器用さ、高い技術力など日本独自の武器をより磨いてきたと思います。超人的な努力を重ねられ、フィジカルも強豪国に負けないレベルになっています。初のベスト8は、それらすべての結晶だと思います。選手や関係者のみなさまに、心より敬意と感謝を表します」

「そして、今日の日本代表の活躍の礎《いしずえ》を築いたのは、平尾さんです。平尾さんは代表監督時代、外国人選手を積極的にチームに加え、キャプテンにも外国人選手を指名しました。そのときの選手の一人が、ジョセフHCなのですから」

大会を機に、日本でのラグビーの注目度が大きく高まった今、山中は改めて、友とラグビー談義を交わした日々を懐かしむ。

「平尾さんは、ラグビーに関して非常に辛口でした。彼の闘病は、ちょうど2015年W杯で日本が南アフリカを破った頃からで、当時は『ジャパンの真価が問われるのは日本大会だ。いろんな国が本気で来るから』と言っていたものです。その日本大会が開かれて、日本代表が素晴らしい活躍をしてくれたのですから、平尾さん、見たかったと思いますね……」

「ただ、きっとどこかで見ていたとも思うんです。開幕戦で、長男の昂大君が隣りの席から日本代表に声援を送るたび、私にはそれが平尾さんの声のように聞こえていました。私はあの日、まるで彼と一緒にいるような気持ちで応援していました」

山中伸弥（やまなか・しんや）
1962年9月4日生まれ。大阪府東大阪市出身。神戸大医学部卒。大阪市立大助手、奈良先端科学技術大学院大助教授、教授を経て、2004年から京都大教授。10年から同大学iPS細胞研究所長。07年から米サンフランシスコのグラッドストーン研究所上席研究員も務める。iPS細胞を作製した業績で2012年、ノーベル生理学・医学賞を受賞。中学、高校では柔道、大学ではラグビーに打ち込み、10回以上骨折を経験。そのたびに整形外科の世話になり、大学卒業後は整形外科医を目指した。花園ラグビー場がある出身地の東大阪市名誉市民で、市の「花園応援大使」を務める。

考えに考える姿勢——山中伸弥と平尾誠二

山中さんは、たぶん日本でもっとも多忙な知識人だ。再生医療の研究と研究所長という本業はいうに及ばず、テレビの医学番組に出演し、マラソンの練習を欠かさず、レースに出ては、好成績を出し続けている。「令和」という新元号を決めた有識者会議のメンバーでもあった。

息つく間もないスケジュールに追われている人が、企画趣旨や意義を認めてインタビューを受けてくれるような連載にすることが、私たち筆者の所期目標でもあった。

取材は2019年7月。意気込んで京都のiPS細胞研究所に乗り込んだ。平尾さんの闘病にもっとも近くで寄り添った人から、切ない話を臨場感のある言葉で引き出しつつ、50歳近くになってから知り合った2人が親友になった理由の一端をうかがい知れるようなインタビューにしなくては——。ただし、取材時間「30分」は厳守。知恵を絞って質問を厳選したつもりだった。

「令和は、よき司令塔の下で和が生まれる、とも読めます。新元号を選んだ会議で、ひょっとしたら現役時代、司令塔だった平尾さんの姿を思い浮かべたのではありませんか」と尋ねてみた。答えは「あぁ……。私は昭和の『和』が入っているのが、いいなと思ったんですよ」というもので、質問者の意気込みは空回りした。ただ、墓石に抱きついたエピソードが山中さんから飛び出すとは想像もできなかった。

何か問題が起きたとき、「平尾さんやったら、どうするかな」と考えることがあると山中さんは話した。平尾さんのアイデアは、突飛なようで、正確な分析と緻密な計画をもとにしている。「平尾さんならどうするか」と考えることは、すなわち何重にも思考を重ねることだ。畑違いの2人だが、考えに考える姿勢を持ち続けていたから、たがいの心をとらえたのだろう。

2 進化したラグビーの創造者だった

元京都市立伏見工高ラグビー部監督 山口良治（77）

上空からグラウンドを見下ろしているかのように、次々と防御の穴を見つけ、自在に攻める中学生がいた。童顔で、子鹿のように細い手足。それが平尾誠二だった。

1977年秋、京都・西京極競技場での「京都ラグビー祭」で、陶化《とうか》中の3年生だった平尾は、修学院中と対戦していた。伏見工高―花園高の前座試合。伏見工の監督だった山口良治《よしはる》は、教え子たちのウォーミングアップに立ち会いつつ、平尾少年のプレーに目を奪われた。

「『あそこが空いているから蹴れ』と思って見ていたら、ポンと蹴る。『前が空いた』と思ったら、自分でボールを持ってダーッと走る。私が思い描いたとおりのプレーをしていた」

それから間もなく、山口は伏見工の近くにあった平尾の自宅を訪ねた。心を込め、ありったけの言葉を尽くして、入学とラグビー部入りを誘った。この子と一緒にラグビーをしたい――。その一心だった。

「平尾本人は、クリッとした目を見開いて、私の日本代表時代の話を聞いてくれた。だけど、平尾のお父さん、お母さんは、けんもほろろやった。あの頃、京都のいい選手はみんな（府内きってのラグビー強豪校の）花園高に進学したから。帰り道は『平尾が花園高に行ったら、3年間は勝てないぞ』と思いながら歩いたことを覚えている。伏見工に来てほしかったけど、なかば諦めていた」

だが、監督の情熱は少年の胸の奥まで届いていた。翌年2月、平尾の入学願書が伏見工に届く。山口は飛び上がって喜んだ。その時点ではまだ、伏見工は年末年始の全国高校ラグビー大会に出たことさえなかった。それなのに、たった一人の入学願書を見ただけで、チームの歴史が変わる日が来ることを確信した。

「その瞬間、3年後に日本一になるという構想が描けた」

『スクール・ウォーズ』に描かれた全国制覇

京都有数の不良学校からラグビーの名門校に生まれ変わった伏見工の物語は、1980年代に一世を風靡《ふうび》したテレビドラマ『スクール・ウォーズ』のモデルとして、広く知られている。

左は神戸製鋼で大活躍した頃の平尾誠二（1994年10月撮影）、右は京都市内で伏見工・京都工学院の試合を観戦する山口良治（2017年11月撮影）

校内暴力で荒れた学校に、体育教師として赴任したラグビー元日本代表選手の山口。校舎の廊下をバイクで暴走する生徒の前に、筋骨隆々の体で立ちはだかった。学校近くの喫茶店を見回り、タバコを吸っているのを見つけては、叱り飛ばした。厳しくも決して見放さず、少年たちを更生させた。

1975年、ラグビー部監督としてはじめて臨んだ公式戦は、花園高に0―112で大敗した。そんなどん底から、部員たちの心と体をひたすら鍛え直していった。「信は力なり」をモットーに掲げ、猛練習を課した。グラウンドに顔を出さなくなった部員がいると、自宅を訪れ、向き合って話を聞いた。チームは徐々に力をつけた。平尾が2年生だった1979年度、府大会決勝で花園高を倒して全国大会に初出場し、ベスト8まで進出した。

「平尾は1年生からチームの中心で使った。あの子を抜いたゲームは考えられなかった」

3年生になった平尾が主将になった1980年度。この年の伏見工にとって、最大のライバルは大阪工大高(現・常翔学園)で、互角の勝負を3度演じた。最初は春の近畿大会。8―10で惜敗した試合後、山口は平尾を殴ったことを覚えている。

「カッとなったのか、平尾が相手フォワード陣の中に突っ込んでいった。細身の彼には『相手に絶対捕まったらあかん』って教えていたのに。いくらキックがうまい、パスがうまいといっても、相手に狙われて、捕まって、足でも踏まれてけがしたら、プレーできなくなる。鬼ごっこのように、相手のいないスペースに走れと言っていたのに」

小柄な選手が体の大きな相手選手に捨て身で突っ込んでいったとき、それを気迫のプレーだとして褒める指導者もいるだろう。だが、山口は「合理的ではない」と叱りつけた。そのあたりにたんなる熱血指導者とは一線を画し、理論と戦術に精通した名将たるゆえんがありそうだ。

夏の国体決勝での再戦は、10─10の引き分けで両校優勝。リードしていた終了直前、ボールを持った平尾のキックがタッチラインの外に出ず、逆襲を受ける。ライン際を走った相手バックスにトライを奪われ、追いつかれた。たとえ真横でも、平尾がタッチに蹴り出してさえいれば、そのままノーサイドで伏見工の単独優勝だった。できるだけ相手陣地の深くまで蹴ろうとした判断ミスが悔やまれた。

「(相手陣深くまで蹴ろうとしたのは) 平尾の真面目な性格かな。でも、国体で勝っていたら、次の大一番で勝てなかったかもしれない」

1敗1分けで迎えた3度目の大阪工大高戦は1981年1月7日、満員の花園ラグビー場での全国大会決勝だった。平尾はその4日前、準々決勝の秋田工戦で、左太ももを負傷していた。

「強い打撲でね。決勝の朝、ぬるま湯に漬からせてマッサージしてやった。本当に祈りを込めた。『何もしなくていい。走らなくてもいい。ああせい、こうせいと仲間に指示するだけでいいから、グラウンドに立ってくれ』と、平尾を送り出した」

試合はまたも競り合いになった。たがいに1本ずつペナルティーゴールを決め、3―3で引き分ける寸前だった。伏見工は、スクラムからのこぼれ球を拾ったフランカーの西口聡が縦に突進、タックルを受けながらも、スクラムハーフの高崎利明にボールをつなぐ。すると高崎は足の状態が限界に近かったスタンドオフの平尾を飛ばし、センター細田元一へとパスを放った。最後は細田からパスを受けたウイング栗林彰が左タッチライン際を駆け抜け、決勝トライを決めた。

ロスタイム、自陣深くのスクラムから出たボールを受けた平尾が、国体決勝の反省を生かす。痛む左足でほぼ真横に蹴り出し、きっちりと試合を終わらせた。伏見工7―3大阪工大高。平尾を中心とする伏見工が、花園出場わずか2度目で初優勝という快挙を遂げた。人目をはばからずに涙する監督の姿は、「泣き虫先生」として人々の記憶に焼きついた。

山口は2013年、国際的な競技の統括団体「インターナショナル・ラグビー・ボード」（IRB。現・ワールドラグビー）が、ラグビーを通じて社会貢献した人に贈る「ラグビースピリット賞」を、日本人ではじめて受賞している。授賞理由には「多くの生徒の人生をよりよいものへ変え、当初弱小で荒れていたチームを数年のうちに全国優勝に導いた」とあ

全国高校ラグビーで伏見工が初優勝。中央でカップを抱えてVサインするのが平尾誠二主将、その左が山口良治監督

った。不良少年を立ち直らせて高校日本一にたどり着いたストーリーは、IRBの機関紙にも掲載され、日本でのラグビーの教育効果が注目された。

山口の指導が、ワールドカップ（W杯）日本大会の招致成功の一助になったのは間違いない。

あの賢い教え子が「順番を間違えるとはね……」

平尾は2016年10月20日、胆管細胞がんのため53歳の若さで他界した。山口は、平尾が病気になったことまでは知っていたが、病名は知らされていなかった。その前年に行われたラグビーW杯イングランド大会の際、開催地で再会する約束をしていた。

「ロンドンにおいしいレストランがあるから食事しましょう、ということで。日本―スコットランド戦の翌日に。楽しみにしていたら『すみません、ちょっと病気になって入院しないといけなくなって』と連絡があった。そのときは、彼が死ぬなんて思ってなかったから『大事にしろよ』と。まさか、あんな病気とは」

亡くなった朝のこと。伏見工のOBで、同志社大や神戸製鋼でも活躍した細川隆弘から電話がかかってきた。細川は平尾のいとこでもある。

「細川に『元気にしてるか』って聞いたら、『平尾さんが亡くなられたんですよ』って。信じられなかった。親が子を亡くして嘆き悲しむのを見聞きするけど、そんな気持ちだった。教え子はたくさんいるけど、あれほどかかわった子はいなかったから」

約4か月後、神戸市で「感謝の集い」が開かれた。山口は「親より先に逝くなという大事なことを教えてやれなかった」と、言葉を詰まらせた。その思いは今も消えない。

「あの賢い平尾が順番を間違えるとはね。本当は（平尾が亡くなったことは）早く脳裏から消えてほしい。でも消えない。『日本でのW杯について、どう思いますか』って、みなさんに聞かれる。そのたびに嫌でも平尾のことを思い出してね」

W杯で開催国・日本は、はじめてベスト8に入った。快挙を喜びつつ、戦いぶりに納得できない思いも抱く。

「『目には目を』とばかりに、大きな外国人を相手に日本も大型化で挑もうとしている。大きな相手にドカンと当たって、攻撃を繰り返している。昔の日本人がやっていた鬼ごっこみたいな、相手に捕まらないラグビーが考えられなかったかなぁ」

高校生だった平尾に教え込んだ、日本人の敏捷性を生かしたラグビーを追い求める気持ちは今も持ち続けている。

「平尾のスペースを突く力は、本当に卓越していた。それを突き詰めようとしたから、進化したラグビーを創造できたんだと思う。でも（指導者としての）平尾のラグビーは、まだ進行形だった。もっとやらせたかった。彼に代わるリーダーが出てくるといいな、と思う。目先のことじゃなくて、未来を考えて創造するリーダーが」

孫たちに見る平尾誠二の面影

山口は1991年に脳膿瘍《のうよう》、2010、13年に脳梗塞《こうそく》を患い、生死の境をさまよった。伏見工は平尾の卒業後も3度の全国制覇を成し遂げた。だが、学校統合により校名は消え、現在は京都工学院が後継校となっている。

「脳梗塞って、暗い病やわ。人に会うのも嫌になるし、うまく話せないから、しゃべるのも嫌になる。極力明るく生きようとしてるけど、右手はしびれるし、歩き回るのもつらい。トレーニングって、やればやるほど強くなったり、変わっていったりするものだけれども、今は何も変わらへん。病気やからしかたないけど……」

そんな山口を勇気づけているのが、ラグビーに熱中している2人の孫の活躍だ。2人とも中学卒業後、ニュージーランドのハミルトンボーイズ高に留学した。留学を勧めたのは、平尾だった。

2011年のW杯ニュージーランド大会前、日本代表の壮行会で。右から平尾、山口、日本代表スクラムハーフの田中史朗。伏見工ＯＢの田中は15年W杯にも出場し、日本が南アフリカを破った大金星に貢献した

「今は帝京大でプレーしている上の子が中学3年で進路が決まっていなかったとき、平尾がいろいろと海外の話なんかをしてくれた。おじいには伝えられんことを、伝えてくれた。小さい頃から平尾にかわいがってもらっていたから、影響力は大きかったと思う。兄の影響で、下の子も留学した。下の子は、足の運びが平尾にそっくり。右をパッと見ながら左へステップを切って相手を抜いていくような動きがね」

病気に屈しそうになっていた泣き虫先生の目が輝き、声に力が宿った。孫たちの中に、平尾誠二は今も生き続けている――。

山口良治（やまぐち・よしはる）
1943年2月15日生まれ。福井・若狭農林高でラグビーを始め、日大に進学。日体大に編入し、卒業後、京都市役所でプレーした。日本代表キャップ13。現役時代はフランカーで、ゴールキッカーを務めた。1975年に伏見工の監督に就任。5年目に大八木淳史らを擁して全国大会初出場。翌年度は主将の平尾を中心にして全国制覇した。

スポーツは楽しむもの——山口良治と平尾誠二

2020年1月の大学選手権決勝は、早稲田が明治を振り切り、11大会ぶりの優勝を果たした。この一戦は、平尾さんが「移転せずにこの場所で建て替えるべきだ」と主張した新国立競技場で行われたはじめてのラグビーの試合だった。

「新国立での試合を楽しみたい」。そんな言葉を口々に発して決勝に臨んだ両校の選手たちは、好勝負を見せてファンを沸かせた。

さかのぼること39年、1981年1月に花園ラグビー場で行われた全国高校大会決勝。平尾主将率いる京都・伏見工の監督だった山口さんは、大阪工大高との決戦前、円陣を組んだ選手たちにこう話しかけた。

「いいか、こんな1時間はないぞ。思いきりラグビーを楽しんでこい」。30分ハーフで行われた大接戦は、今もファンの記憶に残る。そんな試合を「楽しむ」。今でこそ、大舞台に立つ選手たちから「楽しんでプレーしたい」という発言を聞くことが増えたし、それを聞いて耳障りに感じることもない。しかし、山口さんが「楽しんでこい」と言った当時の感覚だと、指揮官が発する言葉としては珍しく、違和感さえあった。

山口さんは不良集団だった伏見工をスパルタで押さえつけ、鍛え上げたと思われているが、それだけではない。「苦しいことを乗り越えた先に楽しいことがある」という教えを高校生に伝え続け、平尾さんのような選手を育てた。そんな指導があったからこそ、発せられた「楽しんでこい」だったのだろう。

平尾さんは、スポーツは楽しむものだという確固たる信念を持っていた。礎となったのは、間違いなく山口さんの教えだった。

その山口さんは、「早稲田ラグビーの父」大西鐵之祐《てつのすけ》監督率いる日本代表のフランカーだった。大西さんから受けた薫陶《くんとう》は、山口さんのラグビー観に大きな影響を与えた。日本代表がはじめてスコットランドを破った1989年、主将は平尾さん、監督は大西門下生の宿沢広朗《ひろあき》さんだった。「接近・展開・連続」という形にこだわる大西ラグビーと「自由」が信条の平尾さんのラグビー観は、相容れない。しかしながら、平尾さんと早稲田の間には、不思議な縁《えにし》がある。

3　オオカミの目、自由な心

密着撮影を30年以上続けた写真家　**岡村啓嗣**（67）

1982年1月2日、ラグビーの大学選手権準決勝。連覇を狙った同志社大は、明治大と国立競技場で顔を合わせた。後半途中までリードしていた同志社大だったが、退場者を出してリズムを崩し、痛恨の逆転負けを喫してしまう。

1年生ながら、同志社大のスタンドオフとして出場していた平尾誠二は、ノーサイドの瞬間、頭を抱えて悔しがった。試合を撮影していた岡村啓嗣の目は、ファインダー越しに見た平尾の表情に、くぎ付けになった。思わず、こうつぶやいた。

「まるで、オオカミの目だな」

岡村に鮮烈な印象を残した若きラガーマンは、すでにラグビー界で脚光を浴び始めていた。2年生になると日本代表に選ばれ、当時の最年少記録となる19歳4か月で初キャップを獲得。しかし、その4か月後、試合中に右ひざの骨を折る大けがを負う。このアクシデントが岡村に、再び平尾を撮る機会をもたらした。雑誌の依頼で、平尾のリハビリを3日間撮影することになったのだ。

接してみると、平尾はとても雄弁で、いろんな話を聞かせてくれた。

たとえば、自分と同じスタンドオフのポジションで活躍する先輩選手たちのプレーを、こんなふうに解説した。新日鉄釜石のスーパースター・松尾雄治は「ステップがうまいから、決して速くない足が速く見える。タックルにはいかないけど、ディフェンスはうまい」。早稲田大の人気者・本城和彦は「パスを出したあと、さらに外側まで走り込んで再びボールを受けるくらいの運動量があれば、もっとすごい選手になる」。いずれも、きわめて的確な指摘のように思われた。

「とても19歳とは思えない分析力や洞察力を持っていました。この男は革命児ではないかと思うほど、魅力的でした。その3日間で、スポーツに対する概念まで、私は変わってしまいました」

その撮影を機に、同志社大学ラグビー部が練習場としていた同志社高校の岩倉グラウンド（京都市左京区）へ、岡村は東京から足しげく通うようになる。

「当時の同志社大は毎週木曜日、ABマッチというのをやっていました。Bチーム（二軍）の選手は、自分のトイメン（同じポジションで向き合う相手選手）をつぶせば、Aチーム（一軍）に上がれる。だから、ものすごく激しい試合でした。Aの選手は『早稲田や明治より

同志社大時代の平尾誠二。オオカミのような目をすることがあった

もBが怖い』って言っていました。そこが（同志社大の）強さの秘密だったかな」

中華料理店での提案「君の10年後を見たい」

ある日の練習撮影を終えたあと、岡村は「夕飯をごちそうするよ」と誘って、平尾を京都・河原町にあった高級中華料理店に連れ出した。人物、ファッション、料理、紀行もの、スポーツ、商品宣伝など、幅広い分野の撮影をこなして売り出し中だった新進気鋭のカメラマンは、10歳年下の大学生に、こんな申し込みをした。

「君の10年後を見てみたい。しばらく追わせてくれないか」

腰を据えて一人の人間を撮り続けようと思い定めたのは、岡村にとって、このときがはじめてだった。ちょっとプロポーズにも似た申し込みに対する、平尾の答えは——。

「返事はなかったような気がしますね。でも、ノーとは言わずに、ほほ笑んでいたような……。私としては『じゃあ、まあいいか』という感じで、彼との深い付き合いを始めました」

当初「10年」と言っていた密着取材は、死に至る病が発覚する直前まで30年以上も続いた。平尾を撮り始めて以降、岡村は人物写真専門の写真家となった。同じように被写体に長期間密着する手法を用いて、将棋の羽生善治やバレエの熊川哲也らを、現在も活写し続けている。

「私はいつも『10年後を見たくなるかどうか』を基準に、密着する被写体を選んできました。人物写真家としての価値観は、平尾を選んだあのときに決定づけられたような気がしています」

イギリス留学、そしてアマ規定違反

同志社大を史上初の大学選手権3連覇に導き、平尾は1985年に卒業した。ラグビーチームを持つ多くの企業から熱心に勧誘されていたにもかかわらず、選んだのはイギリス留学だった。ロンドン郊外の「リッチモンド」という名門クラブでプレーした。岡村は、平尾から当時の胸中を聞かされたことがある。

「ラグビー発祥の地で自分がどこまでできるかを試したいのと、デザインを勉強したいから、イングランドに来たのだと話していました。英国で思いきりやったらラグビーをやめよう、と思っていたフシもありました」

リッチモンドでは、毎週土曜日の午後に試合があった。チームの全体練習は火、木の週

2回。他の日は自主練習だった。個人の課題はそれぞれ違う。筋力をつけたい者はウェートトレーニングをするし、走力が足りないと思う者は走り込む。みんなが集まる練習はサインプレーなどのチェックに充て、わずかな時間に集中してチームとしての総合力を磨く。選手の個性を尊重し、「義務」ではなく「権利」としてラグビーに取り組む。そんな英国流に、平尾は大いに刺激された。

ところが――。1985年8月13日朝のことを、岡村はよく覚えている。

その前日、東京から大阪に向かった日本航空123便が、群馬・長野県境近くの御巣鷹《おすたか》山に墜落した。520人が犠牲になった航空史に残る大惨事だ。岡村は羽田空港で、各地から集まってきた遺族の撮影・取材をした。つらく切ない徹夜の仕事に、ひと区切りがついた朝、ラグビー日本代表メンバー発表の記事にも目を通しておかなくてはと、スポーツ新聞を買った。そこには、平尾が代表から外されるという記事が、大々的に掲載されていた。

留学直前にファッション誌の誌面に登場したことが「モデルとして起用されたのではないか、アマチュア規定違反の疑いがある」とされたのだった。平尾の着た服はメーカー名や価格が記されないなど、誌面には宣伝色を薄める配慮もなされていた。しかし、当時のラグビー界は「アマチュアスポーツ最後の砦《とりで》」といわれるほど規定が厳格だった。平尾は一時、日本国内だけでなく海外でも、プレー資格を失った。

受けた汚名は、ラグビーで晴らす

いてもたってもいられなくなった岡村は、スケジュールを調整し、平尾を追って英国へ渡った。現地で再会したときには、プレー資格はどうにか取り戻されていた。練習から日常生活まで張りつき、試合も3戦ほど撮った。その中にはオックスフォード大が、伝統のケンブリッジ大との定期戦を前に催す「メジャースタンレーマッチ」も含まれる。名門オ大の対戦相手を務めるのは、各国の代表級で編成された世界選抜チームだ。その一員に選ばれるほど、平尾は英国で大活躍していた。

「私が撮影した最初の試合で、彼は4トライを挙げました。タックルも本当にすさまじかった。試合後、リッチモンドから地下鉄で帰るんですけど、ホームまで行くと、平尾は疲れて立っていられず、座り込んで電車を待っていました。ものすごく真剣にラグビーに取り組んでいましたね」

留学を終えて帰国後、平尾は神戸製鋼に入社した。アマ規定違反の一件を受け、多くの企業が手のひらを返したように獲得に二の足を踏む中、神戸製鋼は熱意を込めて平尾を口説いたのだった。入社後の活躍ぶりは知れわたっている。主将に就いた1988年度、全国社会人大会と日本選手権で初優勝すると、そこから連覇を7まで伸ばした。

「平尾は『ラグビーで受けた汚名はラグビーで晴らす』と、考えたんじゃないかと思います。皮肉なことではあるけれども、アマ規定違反の一件が、彼をラグビーに引き戻したのではないでしょうか」

羽生善治の目、平尾誠二の目

神戸製鋼入りしたあとも、岡村は折に触れて平尾の撮影を続けた。平尾の著書の刊行も、出版社との橋渡し役としてサポートした。さらには、仕事で知り合ったさまざまな分野で活躍する人たちを紹介し、平尾の人脈を広げるのに一役買った。のちに平尾の親友となって闘病を支える山中伸弥・京都大学iPS細胞研究所長。本書の1章で描いた初対面を、週刊誌の対談として設定したのは、岡村だ。

平成を代表する将棋界のスーパースター・羽生善治と平尾の間を取り持ったのも、2人を密着撮影の対象としていた岡村だった。1991年のこと。平尾は28歳で、日本代表でも神戸製鋼でも中心選手として活躍していた。羽生は20歳で、棋王戦を制して自身2度目

密集で体を張る平尾。英国留学中、全身全霊でプレーしていた

のタイトル獲得を果たしたばかりという時期だった。

「この2人を引き合わせたらどうなるかなと。平尾が東京に来たとき、私と3人で青山のスペイン料理店で食事しました。その後、3人でカラオケスナックにも行って、お客がほかにいなかったので、貸し切り状態で歌いました」

若き日の羽生は、この席で平尾の勝負哲学に触れた。一方の平尾も、葛藤を抱えていた時期だった。当時のラグビー界には「日本代表よりも所属チームでの活動を重視する」という考え方があった。日本一に君臨し続けていた神戸製鋼のノウハウを、主将を務める日本代表に、どこまで注入するべきなのか。神戸製鋼が国内の大会で不利になるようなことがあってはならないのではないか。

「そういう話の中で（平尾より8つ年下の）羽生さんが言ったんです。『平尾さん、与えれば与えられるんです』。羽生さんの真剣な目が、私には忘れられません」

2人の勝負師は、その後も対談などを重ね、交流を深めていく。彼らには、その表情にも共通点があると岡村は思っている。

「鋭い目ですね。平尾の目を、私はオオカミみたいだと思ったわけですが、羽生さんの目には、ものすごく殺気があります。当時は『羽生にらみ』という言葉も、よく使われましたよね。それに2人とも、すごくいい笑顔をするんです」

伏せられた病状「私はすごく臆病でした……」

月に1、2度ほど顔を合わせていた平尾と岡村が、最後に会ったのは2015年9月6日のことだ。しばらくして、岡村は仕事仲間から「平尾さん、ずいぶんやせていますよ。大丈夫でしょうか」という声を聞いた。

平尾本人に電話をかけてみると、元気な声で受け答えしてきた。ただ、再会の約束をしようとすると、やんわり断られてしまう。岡村は、健康状態の詳細について本人に直接問うのは控えようと考え、惠子夫人にメールを送って様子を尋ねた。しばらくすると「うちの主人は本当に運が強い人だと思います」などと記した短いメールが返ってきた。

「そのメールを見て、私は安心してしまったんです。やっぱりアイツは大丈夫だよなと。何かの病気にはかかったのかもしれないけど、もう大丈夫なんだろうと。今思うと、惠子夫人のメールは、山中先生が（治療方針などについて）いろいろと助けてくださっている、というような意味だったのかなと思うんですけど」

その後、平尾本人に「今度、飯でもどうだ?」というメールを何度か送った。だが、そのたびに「その日はダメなんです」という返信が来た。「今、京大病院に入院しているんです」と夫人から打ち明けられたのは、2016年の秋口のことだった。

岡村は京大病院へ駆けつけた。

「とりあえず行ってみようと。そして2、3時間、病院のロビーにいました。何もできないまま、ただずっと、そこにいました。もしかしたら恵子夫人や娘さんが通るかな、と思いながら、人の流れを眺めていました。私だって、自分が病気でやせ細っている姿で友人に会いたいとは、思わないかもしれない。平尾もそうなら、気持ちを尊重してあげるべきだと思ったんですね。何というか、私はすごく臆病でした」

結局、ロビーで時間を過ごしただけで、病院をあとにした。

岡村が平尾と最後に顔を合わせたのは、大病が判明する1週間前のことだったと、後日わかった。

岡仁詩イズム、その継承と発展

かつて砂煙が舞っていたグラウンドは、整然とした緑の人工芝に張り替えられていた。2018年12月、岡村は京都の岩倉グラウンドを33年ぶりに訪れた。比叡おろしの寒風に吹かれて同志社高校ラグビー部の練習を眺めつつ、このグラウンドで平尾の姿を追った日々に思いをはせた。

同志社大の練習が始まる前、平尾はよくチームメートと楕円球をパスしながら戯れていた。笑顔の絶えない、子どもたちがじゃれ合うようなウォーミングアップ。オオカミの目をした少年がこんな笑顔も見せるのか――と思っていると、いざ練習が始まればチーム一丸、とことん激しく鍛え抜く。そんなギャップも魅力的だった。

「当時の同志社は、体育会としては進歩的で、自由なラグビーが浸透していました。ほかのラグビー部は（練習前に）もう少し張り詰めた雰囲気があっただろうと思いますね」

同志社大を率いていたのは、部長の岡仁詩《おかひとし》（1929〜2007年）だった。岡は、選手の能力をもっとも発揮させる戦い方を模索し、型にとらわれないプレースタイルを確立した指導者だ。平尾をはじめ、林敏之、大八木淳史ら個性的な選手を擁し、1980、82、83、84年度の大学選手権を制した。岡が薫陶を受けたのは、星名秦《ほしなしん》。星名は南満州鉄道（満鉄）で「特急あじあ号」の設計に携わり、戦後に同志社大の工学部長、学長などを務めた。星名の「ラグビーは型にはまってはいけない。何でもできるスポーツだ」という教えを、岡は後進に伝え続けた。

同志社大時代に岡の自由なラグビーを学び、留学先のイギリスでさらなる自由なプレー環境に身を置き、自分を磨いた平尾。その後も、何ものにもとらわれない思考で、ラグビー界に新風を吹き込んだ。

自由な渦の中心で

神戸製鋼で主将に就任すると、チーム練習を週3日に減らす。日本代表監督時代は、ニュージーランド出身のアンドリュー・マコーミックを主将に指名した。次世代育成のプロジェクトも立ち上げた。もしも平尾が健在なら、9回目の開催にしてはじめて強豪国以外で開催されたワールドカップ（W杯）の日本大会に、今までにない斬新なアイデアを持ち込んでいたかもしれない。

「彼のキーワードは『自由』です。ラグビーボールは自由の象徴だと話していました。ボールを獲得すれば自分たちに攻撃権があり、自由にプレーができると。彼が協会の中枢にいれば今頃、さらにいろんな動きが生まれていたと思います。W杯で日本にどれだけラグビー文化を残せるか、あるいはラグビーから何を生み出すことができるか。そういうことを考えるのが、すごく得意な人間だったので……。そういう意味でも、亡くなったのはすごく残念です」

岡村は最近、「共進化」という言葉があることを知った。

「もともとは生物学の用語ですが、たがいに適応し合うことにより、まわりも引き連れられるようにレベルが上がっていくという現象を指す言葉です。伏見工高、同志社大、神戸

33年ぶりに訪れた同志社高の岩倉グラウンドで平尾を撮影した日々を回想する岡村

製鋼で日本一になり、日本代表ではスコットランドを破る快挙を成し遂げた。いずれも、平尾が渦の中心にいたと思うんです」

平尾について行こう、彼を中心にした渦に巻き込まれようと、まわりの選手に思わせたものは何だったのだろう。

「優れた戦略家でありながら、人間としての温かみ、心をつかむ言葉、そして緊張感……。練習中の写真を撮っていると、ときどき、すごい剣幕で怒っているんですよ。レンズ越しに見ていても『おぉ、こわ』ってつぶやくくらいですよ。そういう緊張感の中でやっていますから、選手も当然レベルアップしますよね」

渦は、速度が違う二つの流れが合わさったときに生まれる。平尾は、まとわりつくしがらみから自由になることを希求する一方、必要に応じて張りつめたムードを作り出した。二つの流れが大きな渦になり、数々の栄光をもたらした。

岡村啓嗣（おかむら・ひろつぐ）
1953年1月17日生まれ。写真家、出版プロデューサー。立教大学卒。東京写真専門学校卒。著書に『同志社フィフティーン』（旺文社）など。主に人物写真を撮影し、羽生善治、熊川哲也らを10代の頃から追い、数多くの写真を発表してきた。2017年、平尾を撮影した35年間の写真と言葉をまとめた『生きつづける言葉――情と知で動かす』（PHP研究所）を刊行した。

「知」の世界への水先案内人――岡村啓嗣と平尾誠二

岡村さんは平尾さんの成長に欠かせないキーマンだ。将棋の羽生善治さん、京都大学iPS細胞研究所長の山中伸弥さんら、ラグビーとは違う世界の人たちを次々と引き合わせた。岡村さんの仲立ちで、平尾さんはスポーツ選手としては異質な、懐の深い「知」を備えることになった。

引き合わせる人の選択や、会わせるタイミングが絶妙だった。日本代表の主将として神戸製鋼で培ったノウハウの注入に悩んでいたときに、勝負師の羽生さんとの対面を企画した。亡くなる6年前にはじめて顔を合わせた山中さんは、治療について適切なアドバイスを送った。

一緒に仕事をしたある女性に「僕が最近、撮っている若手のラグビー選手に、こんなすごい男がいるんだけど、会ってみませんか」と声を掛けたのも、岡村さんだった。この女性が、のちに平尾さんの妻となる恵子さんだ。

岡村さんは、望遠レンズのファインダー越しに平尾さんの姿を追い続けた人でもある。

テレビや客席で見ていてもわからない、怒った平尾さんの怖い顔を見た数少ない観察者だ。

それにしても、密着取材を始めるときの「10年後の君を見てみたい」というアプローチは、名セリフだ。

4　希代のリーダー対決、美しきノーサイド

元新日鉄釜石選手兼監督・元日本代表スタンドオフ　**松尾雄治**（66）

松尾雄治が左足で蹴ったドロップゴールは、ゴールをそれた。

1985年1月15日、国立競技場でのラグビー日本選手権は、3年連続で新日鉄釜石と同志社大の対戦となった。このシーズン、釜石は選手兼監督の松尾が率いて全国社会人大会7連覇を達成した。対する同志社大は主将代行の平尾誠二を軸に大学選手権3連覇を果たしていた。当時30歳の松尾は、挑戦者をこんなふうに見ていた。

「平尾を中心にできてきたチーム」

超満員の国立競技場、松尾は出るのか？

この一戦が例年の日本選手権以上に注目を集めた理由の一つが、松尾の左足首だ。全国社会人大会中に左足首を負傷、患部に病原菌が入って悪化し、同志社大戦を前に入院を余

儀なくされた。本人は出ないつもりでいた。だが、主将の洞口孝治《ほらぐちこうじ》らに「5分でもいいからグラウンドに立ってくれ」と懇願され、さらに新日鉄の幹部からも出場するよう説得された。

松尾は当日、入院先から直接、国立競技場に乗り込む。試合前に患部から膿《うみ》を吸い出す管を抜き、麻酔の注射を3本、4本と打って、枯れ芝のグラウンドに飛び出した。

「左足首がとれてしまいそうなほど痛かったのに、試合開始の頃には（麻酔が効いて）感覚がまったくなくなっていた。『先生、試合中に足が折れちゃったらどうしよう』って医師に聞いたら、『大丈夫だ。感じないから』って」

希代のゲームメーカーによる直接対決。観客席は超満員に膨れあがっていた。前半は同志社大が展開力を発揮し、リードした。23分には平尾がステップで防御を引きつけ、ウィングの赤山泰規にパスを送ってトライを演出した。

松尾のドロップゴール失敗は、4点を追う28分だった。

「テーピングでグルグルに固定していた左足で蹴っても、そんなの無理に決まっていた。でも、あれは布石になっている」

松尾に触発されたのか、5分後には平尾が、右足でドロップゴールを狙う。ボールは約30メートル先のバーを越え、13―6とリードを広げた。松尾のお株を奪う、してやったり

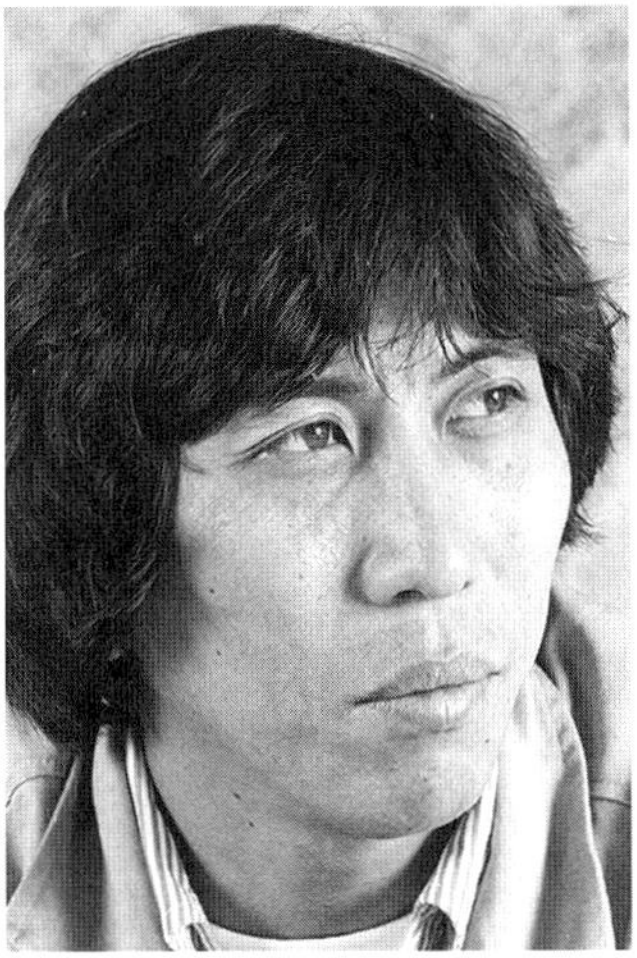

左は1982〜85年頃の松尾。右は1986年３月の日本選抜の試合で整列する平尾

の追加点。クールな平尾が、珍しく右拳で小さくガッツポーズを作った。このシーズン、チームがドロップゴールを狙ったのは、これが最初で最後だったと記憶している同志社大の選手もいる。平尾は、それほどまれなプレーを選び、成功した。

逆手にとったドロップゴール合戦、駆け引きで引退の花道

しかし松尾は、したたかな策を隠していた。

釜石が逆転し、15―13とわずかにリードして迎えた後半20分過ぎ。ゴール前5メートル、ほぼ中央の位置で、釜石はマイボールのスクラムを得る。ここから出たパスを受けた松尾は、ほんの一瞬動きを止めると、パスするでもキックするでもない、でも何かをたくらんでいるように感じさせるモーションを見せた。これに、同志社大の防御が戸惑う。松尾は外へ膨らむようなコースを走ると、相手のタックルを振りほどき、ウイングの永岡章に長いパスを送った。チームを勢いづけるトライが右隅に決まり、松尾が打った布石は成就した。

最終スコアは新日鉄釜石31―17同志社大。ドロップゴール合戦では平尾に負けたが、駆け引きでは9つ年上の松尾が一日の長を示し、チームを勝利に導いた。

「(永岡のトライシーンは)僕はドロップゴールを蹴ると見せかけて、狙わなかった。『松尾がまた何かやってくるぞ』と相手が思ったところで、ロングパスを投げて裏をかいた」

試合後、松尾はチームメートに担がれ、国立競技場のファンの声援に手を振って応えた。これが松尾の引退試合になった。その夜、東京都内にあった新日鉄の寮で開かれた日本選手権7連覇の祝勝会を、同志社大の主力選手たちが訪れた。試合後は敵も味方もなく健闘をたたえ合う、ラグビーの「ノーサイド精神」を体現した一幕。その感動を語るとき、松尾の声は今も弾む。

「平尾や大八木(淳史・元日本代表)たちが来てくれて『松尾さん、おめでとうございます』と。負けたチームの選手たちが、相手の祝勝会に出てくるなんて、それまでのラグビーでは起こらなかった。まさにノーサイド。びっくりしたし、そんな時代になったのかと思った。平尾は『松尾さんが試合に出てこないと思っていたから、油断してましたわ』なんて言っていましたね」

出会った瞬間、気づかされた才能

松尾と平尾は1982年、ニュージーランド遠征を控えた日本代表候補の合宿で、はじめて同じグラウンドでプレーした。松尾は、日本代表OBで平尾の恩師でもある山口良治・伏見工高監督（当時）から「お前以来の逸材だぞ」と聞かされていた。実際に大学2年生だった平尾を目にし、即座に山口の言葉どおりだと感じた。

「いやぁ、本当にびっくりした。ボールの捕り方とか、キックのしかた、タイミング。パッと見て『こりゃ、すごいな』と。今の野球で言うなら、大谷（翔平＝大リーグ・エンゼルス）君みたいなものじゃないかな。大谷君がボール投げたら、たぶんまわりが『うぉっ』と、なるでしょ。僕ら（トップクラスの）スポーツ選手は、そういうことが一目でわかるものだからね」

練習や試合を重ねるうち、平尾の最大の長所が判断力にあるともわかってきた。得点差、残り時間、グラウンドのどのエリアで攻防が展開されているかを、いつもきっちり頭に入れて、プレーを選択できる。松尾が司令塔の役割だと考えて磨いてきた能力を、平尾もまた、備えていた。

「チームを勝たせるため、そのときに何が一番大切なのかを平尾はわかっていて、的確にプレーを選んだ。ラグビーに個人的な勝ち負けはないけど、いつか僕は彼に負けるというか、彼の作るチームに負けるのかなというふうに感じていた」

2人の違いは「平尾が自由なラグビーを求めたこと」

「まつおゆうじ」と「ひらおせいじ」。字数が同じで音の響きも似ている2人。新日鉄釜石と神戸製鋼という赤いファーストジャージーを着る製鉄会社の社会人チームを、日本選手権7連覇に導いた実績は、名前以上にそっくりだ。「ミスターラグビー」という言葉からファンが連想するのも、2人のどちらかではないか。

共通項の多い2人は現役時代、顔を合わせる機会があると、たがいのラグビー観を熱っぽく語り合った。たびたび、酒も酌み交わした。東京都内での日本代表合宿中、宿舎から六本木へと繰り出し、生バンドをバックに歌える店で羽目を外した夜もある。ただし、その翌日の試合で平尾が左ひざを骨折する大けがを負ったため、平尾が引退するまで、生バンドの件を松尾は内緒にしていた。スポーツ界にまだ、豪傑たちの気風が残っていた時代のエピソードといえるだろう。

語り合う中で松尾には、平尾のラグビー観が、自分と違うこともわかってきた。

「決定的な違いはね、平尾が理想のラグビーを追い求めたということ。彼の理想は『ボールを持った者が、自由奔放にいろんな判断をすればいい』というものだった。僕のラグビーには『この場面ではこういうプレーをしよう』という決まりごとがあって、全員が同じプレーを思い描いた。僕も若い頃、平尾のような考えを持ったことはあったけど、かなえられなかった。ボールを持つ個人の判断に全員がついていくようなラグビーは、個々の体力、技術が上がってこないとできない。平尾は『一人ひとりがもっと強くなって、いろんな判断ができないと、日本は世界のラグビーに勝てないいんじゃないか』とも言っていた。彼は正しかったと思う」

「松尾さん、サインは日本語のほうがいいんじゃないですか」

1983年10月、日本代表は敵地でのテストマッチで、ウェールズ代表を追いつめた。24―29で惜敗したが、全員が走りに走ってボールをつなぐ日本の展開ラグビーに、「赤い竜」と呼ばれる強豪がたじたじになった。松尾は背番号10のスタンドオフ、平尾は12のセンターで出場していた。

松尾が思い出し笑いするのは、試合の数日前にグラウンドで交わしたやりとりだ。
「平尾が『松尾さん、サインは日本語のほうがいいんじゃないですか』と言ってきた。相手は日本語がわからないんだからと。『あー、そうだ！　もっと早く言えよ』っていう話だよね」

神戸製鋼と新日鉄釜石のＯＢが対戦したチャリティー試合後、握手する平尾（右）と松尾

日本では、連係プレーのサインを「Aの1」や「Bの2」といった具合に、アルファベットと数字を組み合わせることが多かった。松尾が慣れ親しみ、国際試合でも何の疑いもなく用いてきた流儀だ。

「サインを日本語にしてから、いきなり連係がやりやすくなった。『平尾の横にナオさん（フルバックの谷藤尚之）』とか『オレから小林（センターの小林日出夫）、そこに平尾が回って』とか、そのほうがみんなわかりやすい。『Aってなんだっけ』なんて考えることもないから」

迎えた試合の後半、松尾はスクラムの場面で「千田《ちだ》、左《ひだり》！」と叫んだ。これを受け、右フランカーの千田美智仁《みちひと》（新日鉄釜石）が、スクラムを組んだ後で右側から左側へひっそりと移動。スクラムからボールを拾い上げた千田は、そのまま左に持ち出すと、約35メートルを独走してトライを奪った。国内での試合だったら、簡単に手の内がばれて通用しないはずの日本語のサインプレーが、きれいに決まった。

松尾の戦術眼と、平尾の柔軟な発想が結びつき、貴重なトライを引き出した。日本代表屈指の名勝負として、この試合は今も語り継がれている。

W杯釜石開催実現にスター共演で一役

2人を結びつけるもう一つのキーワードが「震災復興」だ。1995年の阪神大震災では神戸が、2011年の東日本大震災では釜石が壊滅的な被害を受けた。松尾は振り返る。「神戸も震災でひどい被害を受けたでしょう。練習グラウンドから水が湧き出してグチャグチャになってしまって。釜石も震災後、見たことがないほど、ひどい状態になった。それにしても、新日鉄釜石と神戸製鋼は、誰が決めたのかっていうくらいそっくり。何も震災に遭うところまで……」

東日本大震災からわずか4か月後。松尾は神戸入りし、神戸製鋼のゼネラルマネジャー（GM）を務めていた平尾とのトークショーに出演した。会場は16年前の被災から復興した神戸製鋼の練習場・灘浜《なだはま》グラウンドで、開催日は7月18日だった。その日の早朝、サッカーの日本女子代表「なでしこジャパン」がドイツでのワールドカップで初優勝したニュースが、日本にもたらされた。震災以来ずっと重苦しい空気に包まれていた日本列島が久々の明るい話題に沸き返り、人々を勇気づけるスポーツの力を、国民は再認識した。

そんな日に、松尾は「ラグビーW杯の釜石開催」という威勢のいいアイデアを、タイミングよくぶち上げた。これに、平尾もすかさず共鳴した。震災後にW杯の釜石開催を、影響力のある有名人が公衆の前で披露したのは、このときがはじめてか、それに近いケースだったと見られる。ラグビーライターの大友信彦が著した『釜石の夢～被災地でワールドカップを』（講談社文庫）から、2人の発言を引く。

《松尾「これはまだ夢みたいな話なんだけど、僕らが『スクラム釜石』という支援組織を立ち上げて、今呼びかけているのが、2019年W杯の試合を釜石に持ってこよう！という運動なんです。津波に襲われて、釜石の町は今メチャメチャで、見るに堪えない状態ですが、これから復興に向かっていくシンボルとして、ワールドカップの試合を開催したい（以下略）」

平尾「釜石でワールドカップの試合があったら、僕も絶対に見に行きたいですよ。（中略）釜石が中心になって、仙台なんかともプロジェクトを組んで、東北全体から『復興の狼煙《のろし》』をあげたらエエと思うなあ」》

スクラム釜石は、新日鉄釜石のOBたちで結成した被災地支援のNPO法人で、松尾は「キャプテン」という立場にある。トークショーは、スクラム釜石がW杯の開催要望書を作って釜石市長に提出してから、わずか5日後に開催された。松尾は今、トークショーで

チャリティー試合で快走する平尾

の発言意図を、こう説明する。

「大勢の人がいる前だから、そういうホラも吹くわね。あの頃、本当にW杯を釜石でやれると、僕は思っていなかった。夢の夢、そのまた夢の物語だった。W杯なんて、国立競技場と花園ラグビー場の2か所でやるものだろうと、僕は思っていたくらいだから。ただ、神戸はその頃、もう震災から復興していた。たわごとかもしれないけど、釜石も復興しなきゃいけないという意味で、W杯の話をした」

大漁旗が舞う復興のスタジアム

平尾とともに、あの日のトークショーで語り合った釜石開催は、ご存じのとおり、夢物語でもホラでもたわごとでもなかった。松尾の想像を超え、着々と実現へ向かった。

2015年3月、釜石市は神戸市などとともに、W杯日本大会の12開催都市の一つに選ばれた。津波で全壊した小学校と、隣接する中学校の跡地に「釜石鵜住居《うのすまい》復興スタジアム」が新設され、2試合が行われることになった。スタンドは常設が約6000席で、本大会では仮設の約1万席を用意した。2017年に釜石で起きた山火事で焼け残ったスギを使ったベンチや、旧国立競技場のいすなどを再利用。W杯の釜石開催は、震災復興とともに、

2019年９月25日、釜石鵜住居復興スタジアムで、ラグビーW杯のウルグアイ―フィジー戦が行われた

大きな競技場を持たない小さな都市でも世界的なスポーツイベントを開催できることをアピールする好機として、開幕前から脚光を浴びた。

迎えたW杯本番。ウルグアイが下馬評を覆してフィジーを撃破した初戦は、グループリーグ屈指の好勝負となった。スタンドのファンは、新日鉄釜石時代からこの地のラグビー応援の名物となっているフライキ（富来旗）と呼ばれる大漁旗を振って熱狂。岩手県内でのパブリック・ビューイング（PV）でゲスト解説を務めた松尾も、深い感慨にひたった。

2試合目のカナダ―ナミビアは、台風19号が接近したため中止になってしまったが、両チームの選手たちが被災地で土砂を掃除するなどのボランティア活動をしたニュースが、世界中に感動の輪を広げた。松尾は、しみじみと語る。

「釜石開催は、すべてが僕の想像を超えていた。初戦で釜石があんなに盛り上がったことも、2戦目が中止になる悲劇から逆に人々の心を打つストーリーが生まれたことも。そんなふうに物事をひっくり返して感動させる不思議な力が、ラグビーにはあるんだよね」

だが――。ともにまばゆく輝いた現役時代から心を通わせ、震災復興でも活動をともにした後輩・平尾は、2016年に帰らぬ人となっていた。松尾の胸中には今、こんな思いが去来する。

「W杯日本大会に平尾がいなかったのは、本当に残念。日本のスポーツ界は、大切な人材を失ってしまった。ただ、平尾だけじゃなく、日本ラグビー界のために死ぬ気で頑張ってくれた先輩たちは、たくさんいる。そういう人たちも、釜石開催を、平尾と一緒に喜んでくれたんじゃないかな」

平尾の「絶対に見に行きたい」という希望は、かなわなかった。でも、2019年秋、平尾の思いは釜石にも届いていたはずだ。

松尾雄治（まつお・ゆうじ）
1954年1月20日生まれ。立教大ラグビー部出身の父親の影響で幼少期からラグビーを始める。東京・目黒高3年で全国大会準優勝。明治大に進み、スクラムハーフで日本代表に選ばれたが、北島忠治監督の指示でスタンドオフに転向し、才能をさらに開花させた。大学4年で日本選手権優勝。新日鉄釜石では選手、主将、選手兼監督として、全国社会人大会と日本選手権で7連覇を達成した。日本代表キャップ24。引退後はスポーツキャスター、家業の運送会社の経営者、成城大ラグビー部監督などを務めた。約6年前から東京都内で会員制バーを経営するかたわら、講演やNPO法人「スクラム釜石」の活動にも精力的に取り組んでいる。

［松尾雄治の告白］

嘘つきリーダーを長嶋茂雄さんが救ってくれた

日本ラグビー史上最高の司令塔・松尾雄治が監督兼選手として率いた新日鉄釜石は1985年1月15日、次代のスター平尾誠二を擁する同志社大の挑戦を31―17で退け、日本選手権7連覇を達成した。

左足首の負傷を抱えて出場し、引退試合を飾った松尾は、チームメートに肩車され、国立競技場を埋めた観衆に両手でVサインを送った。ところが松尾は「あってはならない場面で、今でも恥ずかしい。嘘つきのラグビー人生は、あそこで終わり」と振り返る。胸中に秘めた苦悩と、手を差しのべてくれた長嶋茂雄・現巨人軍終身名誉監督（1936年〜）への感謝を、30年以上の時を経て打ち明ける。

V7達成の引退試合、痛む心と左足

僕はまだ30歳だったけど、心身ともに、もうダメだった。リーダーとして失格だったし、

1985年１月15日、新日鉄釜石がＶ７を達成したラグビー日本選手権後。仲間の肩車の上で、松尾雄治の胸中には「逃げ出したい」との思いがあったという

あんなけがをした人間が試合に出ちゃいけない。あれから13年間、僕がラグビーの指導とまったくかかわらなかったのは、同志社戦に出てしまったからだ。

直前の全国社会人大会で痛めた左足首は、とれてしまいそうなほど痛かった。とてもラグビーどころじゃなかった。試合当日は、入院先の病院から国立競技場に直行し、痛み止めの注射を何本も打って、結局フル出場した。でも、やっぱり全然走れなかった。無理だったんだ。

開始早々、同志社のフルバック・綾城（高志）君に走られ、ウイングの選手に先制トライをされた。あそこはスタンドオフの僕が綾城君に追いつかなきゃいけないのに、追いつけなかった。いつもなら入る位置からのドロップゴールも失敗。テーピングで固めて足首を伸ばせない左足で蹴ったって、そんなのダメに決まっていた。終盤は麻酔が切れて、痛みも感じた。

僕には釜石でずっと大切にしてきた信念があった。「調子の悪いベテランよりも、調子のいい若手で戦っていく。それが釜石のラグビーだ」というもので、まわりにもそう言い聞かせて、チームリーダーを務めてきた。

明治大を出て新日鉄釜石に入ってから9年間、高卒で入ってくる選手がほとんどだったから、僕より年下が多かった。そんなチーム環境で、新人だろうが何だろうが、構わず起用した。みんなにチャンスがあるから「よっしゃー」という気分になって、頑張ってくれた。

同志社戦前の入院中、僕はベッドに寝たきりだった。新日鉄釜石には、どのポジションにも代わりの選手がいた。誰かが出られなくなったら、控えの選手を信頼して出すべきであって、それで負けるのはしかたないことだというのが、僕の考えだった。

僕の控えには、佐々木和寿という選手がいた。岩手・宮古工高から入って頑張ってきたスタンドオフで「俺が試合に出られなかったら、お前がやるんだぞ」と、何年も鍛えてきた。だから、けがをした直後に「お前の晴れ舞台が来たぞ」と、本人に言い渡した。苦楽をともにしてきた主将の洞口孝治（1953〜99年）にも、入院中に電話で「カズトシでいこう」と何度も伝えていた。

それなのに、最後の最後に「なんで俺が出ているんだよ」っていう話さ。自分が佐々木に、どう思われているかと想像すると、今でも本当に恥ずかしい。

肩車の上で「逃げ出したかった。僕は商業主義に屈した」

社会の熱気のようなものに押されて、出るべきではなかった試合に出ることになった。

病院で、新日鉄本社の上層部と話をした。「何万人ものお客さんが、君を見にくるんだぞ」と説得された。それで僕は、リーダーとして、監督として貫いてきた哲学を曲げた。

試合前日、東京の国分寺にあった練習場に車いすで顔を出したときに「5分でも10分でもいいからグラウンドに立ってくれ」と洞口たちに頼まれていたし、当日打った麻酔が効いて痛くなくなったという理由もある。でも結局のところ、松尾のラグビーが、満員のファンの期待に応えるべきだという商業主義に負けたんだ。

しかも、試合に勝ったあと、僕は仲間に肩車までされている。

団体スポーツにおいて、一人が派手なことをしたり、得点を決めて威張ったりしては、絶対にいけない。僕は成城学園小の5年生でラグビーを始めた頃から、そう教え込まれてきた。それを守って生活し、プレーしてきた。それなのに、あの試合後は「松尾さん、今日はもう派手に行っちゃってくださいよ」なんて仲間に言われたら、吹っきれたように肩車されちゃった。ラグビーが自分だけのものだというような見え方になった。あってはならないことだった。

なんでこんな「嘘つき松尾雄治」なんだろう——。そんな思いでいっぱいだった。本心では、早くあの場から逃げ出したかった。

1985年の日本選手権で、ボールを持つ松尾。左足首の痛みに苦しみつつも、鮮やかなラストパスで決定的なトライを演出する妙技も見せた

▼元新日鉄釜石・佐々木和寿の話

「私の出る幕じゃなかった。あの日本選手権に対する私の思いは、そのひと言に尽きる。松尾さんのけがは普通なら出られないほどひどかったし、実際つらそうにプレーしていた。それでも、キレのある動きは随所に見せてくれた。トライにつながったパスも、さすがだった。

私はいつでも代わりで出る準備をしていた。試合直後は出たかったなという気持ちもあった。でも、少し時間がたってから、気持ちの整理がついた。あの超満員の試合に当時の自分みたいな無名選手が出るべきではなかったし、松尾さんのフル出場でよかったんだと。そもそも、出られなかった原因は、力不足とほかのレギュラー陣からの信頼不足にほかならない。誰よりも走り、みずからプレーをやってみせることで『北の鉄人』と呼ばれたチームを引っ張った松尾さんに、私は今も尊敬を通り越した思いを抱いている。もちろん、恨みなんて全然ない」

開口一番「よぉ、雄ちゃん」

「よぉ、雄ちゃん!」

あのときまでほとんど面識がなかった僕に、いきなり「雄ちゃん」だからね。陽気なあいさつとともに、長嶋茂雄さんは国立競技場に登場した。僕が肩車から下りて、最後のインタビューを受けていたときだった。新聞記者やカメラマンが、みんな長嶋さんのほうに行っちゃった。

「いやあ、すごいねえ。（観客席は）すごい人ですねえ」なんて感心しながら、取材を受けていた。松尾さんのプレーを見るためにこられたんですか――と聞かれて「ハイ、ハイ、ハイ」。ラグビーはどうですか――という質問に「寒いですねえ、ラグビーは」と答えたのには、思わず笑った。1月15日にコートも着てこないんだから、それはまあ寒いよね。

「情熱さえあれば、いつまでもラグビーと一緒にいられる」

長嶋さんはその日、チームの祝勝会場だった新日鉄の寮にも、改めて来てくれた。僕は車いすを下りて、和室でお迎えした。

このとき、ものすごくいい話をしてくれたんだ。

まずは「けがしているみたいだけど、大丈夫かい」と聞かれた。「もうやめると思います」と正直に答えたら、「そうか」とうなずいて、そこからスポーツ選手の引退についての話になった。

「あのな、雄ちゃん。スポーツ選手にとって、引退っていうのは本当につらいことだし、嫌な思いも味わうよ。そういうことは、僕も経験してきたから、よーくわかる。だけどな、選手っていうのは、いつか必ず引退する。それでもな、雄ちゃんに情熱さえあればな、ラグビーに対する情熱さえあればな、いつまででもラグビーと一緒に生きていくことができるんだよ」

「テレビに出て、ラグビーのよさを語ったりすること、新聞に書いたりすること、講演をして一般の方にラグビーのよさを伝えること、子どもたちにグラウンドで教えること。現役の頃は、プレーすること一つだけでしょう？　現役をやめたらね、いっぱいあるんだ。いろんな角度でラグビーに接することができるんだよ」

そんなことを教えてくれた。そして「僕はこれから、スポーツ発展のために頑張るから、雄ちゃんも頑張ってくれよ。一緒にやろう」と誘ってくれたんだ。

以来、長嶋さんが巨人の監督に復帰を決めた頃（1992年10月）まで7年以上、世界中のスポーツ選手を2人で訪ね歩いた。88年のソウルオリンピックでは1か月以上、一緒にいた。スポーツキャスターとして、陸上競技の英雄カール・ルイス（アメリカ）の家だとか、本当にいろんなところへ行った。そういうテレビ番組の仕事の相棒に、長嶋さんは僕を選

1985年、エチオピアの難民キャンプを訪れた長嶋茂雄。この時期は世界中を巡り、スポーツ現場も精力的に視察した

んでくれた。

何をするにも一緒だったから、いろんなことを長嶋さんに教えてもらった。野球しか知らないような人では、全然なかった。僕は新日鉄という会社にいたから、経済界のお偉いさんの話をよく聴いていたけど、そういう人たちが訓示するようなことも、ちゃんと知っている。

「口約束っていうのは、約束なんだよ」と諭されたことがある。長嶋さんから聞くとは思わなかったけど、やっぱりすごい人なんだなと思った。「自分の体調が悪くても、それを表に出して人に会ってはダメだ。『おはようございます』『さようなら』と、スポーツ選手はみんなに明るく接していくんだ」という話にも、感銘を受けた。

引退した頃、僕は何よりも大切なラグビーやスポーツに対する情熱を、少しなくしてしまっていた。それを、長嶋さんが引っ張り出してくれた。

秋にラグビーのワールドカップ（W杯）日本大会が行われた2019年、僕は講演やら、W杯の釜石開催を支援するNPO法人「スクラム釜石」の活動やらで、すごく忙しかった。そうやって今、もう一度ラグビーとかかわっていられるのも、長嶋さんのおかげ。本当に、すごく影響を受けた。

僕にとって、あの人は引退してからの鑑《かがみ》なんだ。

ミスターラグビーの系譜――松尾雄治と平尾誠二

「ミスターラグビー」の称号は、松尾さんから平尾さんに受け継がれた。１９８０年代前半は、２人の天才的な司令塔が並び立ち、競い合った時代だった。新日鉄釜石、神戸製鋼での日本選手権7連覇達成など、２人には多くの共通点があるが、その一つが震災だ。平尾さんは自身が住んでいた神戸で阪神淡路大震災を経験し、松尾さんの第二の故郷・釜石は、東日本大震災で壊滅的な被害を受けた。

２０１９年9月25日、釜石市の鵜住居復興スタジアムで行われたW杯のウルグアイ―フィジーは、震災からの復興を世界にアピールしようと誘致に動いた多くの人たちの願いがかなった一戦になった。続くカナダ―ナミビアは中止になったが、両チームの選手たちが台風の被災地で、ボランティア活動を行った。試合ができずに意気消沈したはずの選手たちが、被災して苦しむ人たちを自主的にサポートしたさまは、ラグビーが持つ結束力を示した。11月、釜石市はワールドラグビーの年間表彰式で、ラグビーの価値を広めたとして「キャラクター賞」を受賞した。ボランティアを買って出た両国の選手や、松尾さんの発信力も受賞の一因になったはずだ。

筆者の橋野にとって、松尾さんは、ラグビーを始めた高校時代のヒーローだった。タッチライン沿いを走る松尾さんが、内にパスをすると見せかけて外へ弧を描くステップを踏み、その動きに相手がつられたところで、内にパスを返す。テレビ中継で見たこのプレーに憧れ、再現してみようと、高校のグラウンドで練習したものだった。同志社大ラグビー部では、橋野が1年生のときに平尾さんは4年生だった。「松尾・平尾対決」となった1985年1月の日本選手権決勝は、国立競技場のスタンドから応援した。もう一人の筆者・込山が、テレビにかじりついて名勝負を観戦する小学6年生だったことも、付け加えておこう。

2019年1月、西麻布にある松尾さん経営のバーで、あの試合の話をみっちり取材できたのは、喜びだった。平尾さんについて語る松尾さん。それを聞く2人の取材者。34年の時を経て、あの試合を共有することができた。

ただ、「平尾誠二を語る」という趣旨だったのに、ほとんど「松尾雄治が語る」という取材になってしまった。自分自身を語る松尾さんの話が面白いこと。テーマからずれていることは承知のうえで、興味深く聞いた。取材趣旨なんか一向に頓着せず、話したいことを話す松尾さんを前にして、「たしかに長嶋茂雄さんと馬が合うだろうな」と感じたのを覚えている。

長嶋さんとの交流話をウェブに掲載して間もなく、高田馬場のラグビーバーで、新日鉄釜石黄金期の主力だった高橋博行さんとお会いする幸運に恵まれた。松尾さんが肩車され、国立競技場でVサインするあの写真に、高橋さんは担ぎ手として収まっている。

「読んだよ。なんだか肩車した俺たちが、松尾さんに悪いことしちゃったみたい」と高橋さんは言った。だが、松尾さんのあの雄姿は当時、日本中を熱狂させた。サッカーのJリーグが産声を上げる前、フットボールと言えばラグビーを指した時代を象徴する一枚だ。肩車されている松尾さんの頭の中からは、「スポーツの商業主義」のような難しいことは消え去っていたに違いない。そうでなかったら、あんな無邪気なVサインなんてできないでしょう。

5 「哲学するラガーマン」をめぐる追想

元文部科学副大臣 鈴木寛(56)

「原点や本質、理由を問い続けた『哲学するラガーマン』。平尾さんから発せられるひと言ひと言が、私にとっては目からウロコで、本当にそのとおりだなと思うんです。なんて頭のいい人だろうって。全部自分の経験から、練りに練り上げた言葉を使われます。会うたびに、時を忘れて話し込みました。人生で一番刺激を受けた人の一人です」

東京大と慶應大の両方で教授を務める「スズカン」こと鈴木寛《ひろし》・元文科副大臣は、1つ年上の平尾誠二と30代前半で出会った。1996年頃のことで、当時は通商産業省（現・経済産業省）に勤めていた。平尾と『イメージとマネージ』（集英社）を共著した編集工学研究所長の松岡正剛に紹介されたのをきっかけに、東大卒のエリート官僚はラグビー界のヒーローと「スポーツで日本を変えよう」との志を共有、スポーツ振興や次代を担う人材育成に心血を注いだ。

「俺は選手っていう言葉は使わない」

鈴木を心酔させたのは、どんな言葉だったのだろう。

「僕の中には『平尾語録』があるんです。その一つが『俺は選手っていう言葉は使わない。プレーヤーって言う』。選手って、選ばれた人でしょ。プレーヤーっていうのは、楽しむ人ですよね。一部の人が選ばれて、その人たちに必要以上のプレッシャーや責任を負わせるというスポーツのあり方や、そういう日本の側面を変えたい。スポーツはみんなが楽しんで、はつらつとやるものなのに、スポーツをやることによって重荷を背負っていくようなことになってしまう。『必死の形相でやるのは、スポーツではない』ということも、おっしゃっていました。平尾さんはラグビーからものを見ているんですけれども、そこに日本人論や教育論、社会論とか、そういうものが含まれていました」

語録から、もうひと言。

「プレーヤーにとって、特に日本のアスリートにとっては何が一番大事なのかというと、『それは判断力とコミュニケーション力だ』と。『逆に言うと、スポーツをやる意味というのは、それを養うところにあるんだ』とも話していました。かつてフィギュアスケートには、氷上に描かれた円などの図形に従って滑る規定（コンパルソリー）というのがありました。平

左は、書物を片手に語る平尾誠二（2003年8月）。右はインタビューに答える鈴木寛（2019年2月）

尾さんは『日本のラグビーはメチャクチャきれい。ラグビーに規定があったら世界一だ』と言っていましたね。決められたことをきれいにやる能力や技術が高いから、相手がいない状況でのパス回しなんかは美しい。

でも、ラグビーは相手とのインタラクション（相互作用）でやるスポーツで、状況に応じて局面が変わっていく。ラグビーにとって大切なことは、まず状況判断。ボールを持って走るのか、蹴るのか、モールを作るのか。それを高速に、的確に判断する。加えてチームメートとコミュニケーションを濃密にとって、状況判断や次の行動への展開のイメージを共有する。『自分はチームを作るとき、ひたすら判断力とコミュニケーション力を磨くためのトレーニングをやる』と語っていました。平尾さんはそういうことを理路整然と、ものすごくコンセプシャル（概念）なレベルから具体的な作業のレベルまで、落とし込めていました」

新国立競技場は「霞ヶ丘がエエに決まってる」

もう一つ、鈴木が励まされた大切なひと言がある。

官僚から参院議員に転身していた鈴木は2011年9月までの2年間、文部科学副大臣を務めた。20年オリンピック・パラリンピックの東京招致計画で、メインスタジアムとする国立競技場の建て替えについての議論をリードした。

「16年五輪の招致は、晴海方面にスタジアムを新設するという漠然とした計画で戦い、それが東京の敗因の一つになったと指摘されていました。その反省を踏まえ、20年五輪の招致で私は文科省内の調整をして、具体的なメインスタジアム計画をまとめました。どこに建てるか、平尾さんに相談したら『そらお前、霞ヶ丘で造り直したほうがエエに決まってるやんか』と。国立競技場は今ある場所で建て替えるべきだと、即答でした。

都市計画決定を見直したり、反対派と調整を進めなくてはいけなかったりと、あの場所に建て直すためには、水面下で難しい話がいっぱいあったんです。だけど、『霞ヶ丘で造り直したほうがエエ』という言葉に、後押しされました。あの言葉は、平尾さんらしい論理から出たものじゃありませんでしたね。霞ヶ丘の芝を踏んで戦い、満員のファンを誰よりも沸かせてきた人の体からというか、太ももから発せられたような力を感じました」

神戸復興の象徴、総合型スポーツクラブを設立

スポーツで日本を変えるという2人の志は、2000年3月に実を結んでいる。平尾が

長くラグビーと生活の本拠とした街であり、鈴木のふるさとでもある神戸市に「スポーツ・コミュニティ・アンド・インテリジェンス機構（SCIX＝シックス）」が誕生した。スポーツの分野では全国ではじめて、非営利組織（NPO）として経済企画庁（当時）から認可を受けた。

神戸製鋼のゼネラルマネジャー（GM）になっていた平尾と鈴木が、力を合わせて設立。発起人には、元プロテニスプレーヤーの沢松奈生子、サッカーJリーグのヴィッセル神戸に所属していた永島昭浩ら、兵庫県ゆかりのスポーツ選手が名を連ねる。地元を愛する心が、平尾と鈴木の原動力だった。

「設立に向けて動き始めたのは、1995年に起きた阪神大震災の傷痕が、まだ癒《い》えていない頃でした。私たちは『どうやって神戸を立ち直らせるのか』ということを意識しました。復興を目指す神戸市民の精神的支柱だった平尾さんが理事長に就き、無名だった私を副理事長に選んでくれたんです。神戸には『神戸フットボールクラブ』（1970年、日本初の社団法人クラブとして誕生）という伝統もあります。震災復興にあたって原点に返り、スポーツクラブの文化を再興しようということも、考えの中にありました」

SCIXを設立した頃、一緒にラグビーを楽しんだ後で。左端が平尾で、右端が鈴木

SCIXに息づく平尾イズム

SCIXは、神戸製鋼で培われたラグビーを軸に、スポーツを通じた地域社会の形成を目指す。年代、性別、競技レベルを問わずに参加できるラグビー部を運営し、サッカー、ラグビー、アメリカンフットボールの指導者を対象にセミナーなども開催している。「どこにボールを運べば味方が有利になるのか」といった空間認識能力を養うために考案した「スペースボール」を、兵庫県内で広める活動にも力を入れている。2017年時点で国内には「総合型地域スポーツクラブ」が3580あり、全国の市町村の80パーセント以上に設置されているが、SCIXはその先駆けでもある。

「企業と地域が、いいものを持ち寄って作ったスポーツクラブで、サポートする会社の業種も横断的。それまでは『学校体育』だった日本のスポーツ界に、誰もが楽しめるコミュニティーを作るという理念を持ち込みました。平尾さんは同志社大卒業後、イギリスに留学して、ラグビーの名門クラブチームで活躍されました。私も通産省時代、Jリーグ発足の仕事に携わり、ドイツなどのスポーツクラブ文化をサッカーの側から見た経験がありました。それぞれがヨーロッパで感じたことを、日本でも実現しようとしたわけです」

SCIXの理念を説く「概要」にはこんな一節がある。「より多くのスポーツ遊人たち

グラウンドに出て、SCIXのメンバーにラグビーを教える平尾

とネットワークし、コミュニケーションとコラボレーションを不断に深めていく」。縦の強固なつながりではなく、緩やかな横のつながりを想定している。

「通産省にいた頃、日本は携帯電話、モバイル、電子商取引といったインターネット政策の黎明期《れいめいき》で、私はその担当でした。私たちは、それまでのピラミッド型、中央集権型の社会構造が、インターネットによる自律分散協調型、ネットワーク型の社会に変わるということを直感しました。

監督が指示を出す野球などでは、チームが中央集権型になりがちですが、ラグビーはまさに自律分散協調型です。試合が始まったら、監督は観客席で見ているわけですから、指示は出せない。プレーヤーが自分たちで状況判断して、自分たちでコミュニケーションしてプレーする。その競技を修めた達人・平尾誠二の言葉は、新たな社会、新たな組織論について、クリアなイメージを授けてくれました。

私はよく、ラグビーアナロジー（ラグビーとの類似性）で世の中を考えますが、そのほとんどは平尾さんから受けたインスピレーションにもとづきます。ものを考えるときのOS（基本ソフト）の非常に大事な要素を、平尾さんから授かったのです」

分野は違えど「日本代表を作る」

人材育成。それは、鈴木が若い頃に思い定めたライフワークだ。通産官僚時代に山口県へ出向していた2年間、萩市にある松下村塾にたびたび足を運んだ。吉田松陰が開いた松下村塾は、幕末から明治時代の日本を先導した伊藤博文や高杉晋作、山県有朋らを輩出したことで知られる。

「山口にいた頃、松下村塾には20回くらい行きました。東京から離れた辺境で2年くらいしかやっていなかった、とても小さな塾が日本を作った。無限の力を持っている若者を育てるというのは、すごいことだと実感し、東京に戻ってから1995年、通産官僚のかたわら『すずかんゼミ』を作りました。若い人を集めて、塾というか、ひたすら語り明かすということを始めました」

平尾も日本ラグビー協会強化委員だった1996年、「平尾プロジェクト」を始めた。ラグビー未経験者を含め、将来の日本代表の発掘、育成を目指した。

「平尾さんとは、若者育成について話すことが多かったですね。私がすずかんゼミでやっていたのも、分野は違えど、日本代表を作るということでした。『平尾さんはラグビーで日本を担う人材を作ろうとしている。われわれも、ITや教育の世界で日本代表を目指そう』と、ゼミの参加者たちに説いたものです。そこからIT、ベンチャー、のちに日本を代表する会社の社長、ソーシャルアントレプレナー（社会起業家）など、多士済々な人材が育ってくれました」

盟友の政界転身も強力にサポート

鈴木は2001年、参院選に立候補した。このとき、30代の若い野党系新人には、後援会長がなかなか見つからなかった。そこへ助け舟を出したのが、人脈の広い平尾だった。

「ファッション業界で『BA-TSU』というブランドを設立し、表参道を拠点に一世を風靡した松本瑠樹《るき》さんと、平尾さんは家族ぐるみで仲良くされていました。『スズカンっていう僕の親友が、東京から参院選に出ることになったんです』と、私を紹介してくれました。松本さんに後援会長を引き受けていただけたおかげで、私は原宿駅前のおしゃれなスペースを、選挙事務所として借りられた。候補者の私以外、事務所内にネクタイをした人が一人もいないという、それまでの常識とは違う選挙戦を展開した末に、初当選できたんです」

哲学しながら行動するリーダー像

ワールドカップ（W杯）日本大会は2019年9〜11月に行われ、大成功を収めた。だが、平尾はすでに世を去っていた。

平尾の後押しを受け、鈴木が尽力した国立競技場の建て替えも、残念ながらW杯には間に合わなかった。

「そもそも日本がW杯を招致できたのは、日本のラグビーが世界でそれなりの存在感を示してきたうえに、成り立っています。そんな歴史に、プレーヤーとしての、あるいは指導者としての平尾誠二の足跡は欠かせません。これをもう一度、みなさんに共有してほしい。

さらに言うと、平尾さんはラグビーにとどまる人ではなく、ラグビーを通じて日本を変えていきたいと考えていました。哲学しながら行動するリーダーのあり方も、平尾さんに学ぶべきでしょう。平尾さんが何をしたのか、何をしたかったのかを、みんなが考えて行動に移すこと。そのきっかけになったW杯ではなかったでしょうか。ラグビーボール一つで、みんなが一つになる体験を多くの人にしてほしいという思いも平尾さんは持っていたはずで、多くの人にとってW杯日本大会はそんな体験の連続だったことでしょう」

これを伝え続けることは自身の使命の一つだと、スズカン教授は胸に刻み込んでいる。

鈴木寛（すずき・ひろし）
1964年2月5日、兵庫県生まれ。東京大教授、慶應大教授、日本サッカー協会理事。灘中、灘高、東大を卒業して1986年、通産省（当時）に入省。資源エネルギー庁、国土庁、山口県庁、機械情報産業局などで勤務。慶大SFC助教授を経て2001年の参院選で初当選。07年、2度目の当選を果たす。在任中、文部科学副大臣を2期務め、超党派スポーツ振興議連幹事長、東京オリンピック・パラリンピック招致議連事務局長などを歴任した。15～18年、文部科学大臣補佐官を4期務めた。

［鈴木寛の奔走］

W杯日本大会を救った！ラグビー南ア戦大金星の秘話

ラグビーの2019年ワールドカップ（W杯）は、日本で開かれていなかったかもしれない――。日本中のラグビーファンにとって背筋が寒くなるようなシナリオが、大会の4年前、水面下で進行していた。

メインスタジアムになるはずだった新国立競技場（東京）の完成が、建設計画をめぐるゴタゴタでW杯に間に合わなくなったことを問題視され、開催国を南アフリカに変更する案が検討されていたというのだ。

この大ピンチを、日本代表の演じた世紀の大番狂わせが、見事に救った。ちょうどその頃にイギリスで開かれた2015年W杯で、日本が南アフリカを破ったことで、開催国の変更案は影も形もなくなった。日本―南アのキックオフ直前まで、W杯関係者に対する謝罪と交渉に現地で奔走した鈴木寛・元文部科学副大臣らが、当時の経緯を打ち明けた。

W杯統括団体「ワールドラグビー」が失望表明

2015年9月19日、イングランド南東部のリゾート地・ブライトン。鈴木は文部科学相補佐官として、また神奈川県参与として、足を踏み入れた。ラグビーの国際統括団体である「ワールドラグビー（WR）」幹部の怒りを鎮めるという、困難で重い使命を帯びていた。

約2か月前の7月17日、安倍晋三首相が苦渋の決断を発表した。新国立競技場（東京）でのラグビーW杯日本大会の開催は、断念せざるを得ない――。国際コンクール（コンペ）でいったん正式決定した新スタジアムのデザインは、工事費用の高騰などを理由に、白紙撤回された。新スタジアムは、建設計画が振り出しに戻って工期がずれ込んだため、2020年の東京オリンピック・パラリンピックまでには完成するものの、19年秋のラグビーW杯には間に合わない見通しとなってしまった。

新国立競技場はラグビーW杯で、開幕戦と決勝の会場になるはずだった。日本政府の発表当日のうちに、WRから重い声明が出てきた。「新国立競技場が2019年ラグビーW杯に間に合わないという発表に、深く失望している。日本大会の組織委員会に詳細な説明を求めている」

工事中の国立競技場。ラグビーW杯日本大会後の2019年11月に完成した

日本側は、慌ただしく火消しに動いた。首相の〝断念〟から約2週間後には「決勝を横浜国際総合競技場で、開幕戦を東京スタジアムで行う」とする開催計画の変更案をWRに提示した。8月下旬の閣議後記者会見では、下村博文・文部科学相（当時）が「（大会運営面で）心配はないということを、政府側からしっかりと発信していく必要がある。新国立競技場での試合はなくなるが、政府も大会をバックアップして、必ず大成功するようにしっかりやっていくことを、WRの会長にお伝えしたい」と発言した。

そのうえで、安倍首相がベルナール・ラパセWR会長（当時）宛ての親書をしたため、8月下旬にロンドンで開かれたWR理事会でラパセ会長の手元に届けられた。さらに下村文科相と決勝開催地の神奈川県知事も親書を用意し、15年9月に開幕するW杯イングランド大会でラパセ会長に渡すことになった。

使者を担ったのが、鈴木だ。安倍首相が改めてラパセ会長に向けて発した口頭のメッセージを託され、文科相と知事の親書も預かっていた。

ラグビーW杯のためのスタジアムが間に合わない

ラグビーW杯の日本開催は、2009年7月に決まった。南アフリカとイタリアを退けて開催権を獲得したもので、9回目にしてアジアでは初のW杯、ラグビーの長い伝統を持つ強豪国以外で開かれるのもはじめてだ。

新国立競技場のデザインをめぐる国際コンペで、採用案がいったん決定したのは、12年11月のことだ。そして13年9月、東京が20年オリンピック・パラリンピックの開催地に決まる。それから約2年後の7月になって、新国立の採用案は白紙撤回されたのだった。一連の出来事の時系列を踏まえて、鈴木はこう説明する。

「国立競技場の建て直しは、当初から東京オリパラが目的だったと思われがちだが、ちょっと違う。なぜなら、建て直す計画が動き始めた時点で、ラグビーW杯2019は日本開催が決まっていたけれども、オリパラ2020のほうは開催地が未定だった。東京で開催されない可能性のあるオリパラを、巨大スタジアムの再建目的に掲げるわけには、当然いかない。つまり、国立競技場は『ラグビーW杯日本大会のために建て直すことになったスタジアム』にほかならない」

2001年から12年間、鈴木は参院議員として、主に教育やスポーツの分野で行政に携わった。特に2011年9月までの2年間は、文部科学副大臣。ラグビーW杯開催が決定した前後は、WRとの交渉役として、日本政府が大会財政や制度面の整備などで踏み込んだ支援を行うことを保証してきた。オリパラ2020の東京招致活動にも携わった。「国

ラグビー・ワールドカップ（W杯）日本大会をめぐる動き

2005年11月	11年Ｗ杯のニュージーランド開催が決定。日本は決選投票で敗退
2006年11月	15年Ｗ杯の開催地に立候補すると、日本が決定
2008年7月	19年と15年のＷ杯開催地は同時に発表すると、ＩＲＢが発表
2008年10月	19年と15年、日本はどちらかののＷ杯招致を目指すとＩＲＢに通達
2009年7月	19年Ｗ杯は日本、15年Ｗ杯はイングランドでの開催が決定
2012年11月	新国立競技場の国際コンペで、採用デザインが決まる
2013年9月	20年オリンピック・パラリンピックの東京開催が決定
2015年7月	新国立競技場のデザイン変更を日本が決断。19年Ｗ杯での使用は断念
2015年9月	19年Ｗ杯の開幕戦と決勝の会場を改めた開催計画の変更を日本が発表
2015年9月	15年Ｗ杯イングランド大会開幕
2015年12月	新国立競技場の新デザインが決まる
2019年9月	19年Ｗ杯日本大会開幕（19年11月まで）
2019年11月	新国立競技場が完成
2020年7月	20年オリパラ東京大会開幕予定　※１年ほど延期に

※ＩＲＢはWRの旧称で、インターナショナル・ラグビー・ボードの略

立競技場を建て直すことになっているので、東京は充実したメインスタジアムを持つオリパラ開催地といえる」と胸を張ってアピールできたことが、東京の勝因の一つになったという認識も持っている。

それだけに、新国立競技場がラグビーW杯に間に合わなくなった事態を、鈴木は深刻に受けとめた。「私たちにとって痛恨事だった」。建設計画をめぐる一連のゴタゴタが報じられるようになって以来、WRから日本政府には「スタジアムは大丈夫か」という問い合わせが、何度となく寄せられていた。そのことも、鈴木はよく把握していたとあって、いっそう胸が痛んだ。

「WRの問い合わせに、日本側はいつも『大丈夫だ』と回答してきた。決して、嘘をついていたわけではない。安倍首相と下村文科相が最後の最後に（断念を）決断したのであって、その瞬間まで建設計画の変更はなく、W杯に間に合わせるという方針のままだったわけだから。ただ、簡単には収まらないWR側の立場も、理解できた」

「日本人はラグビーW杯に対する敬意を欠いている」

W杯イングランド大会には、森喜朗・日本ラグビー協会名誉会長（当時）や嶋津昭・W

杯日本大会組織委事務総長らが先着し、WR側に対する謝罪と新たな開催計画の説明を始めていた。

そこへ加わった鈴木は、まず開幕戦当日、ロンドンのホテルでラパセ会長と面会する。安倍首相のメッセージを伝えるとともに、下村文科相と神奈川県知事の親書を手渡した。そして翌日、日本代表のW杯初戦だった南アフリカ戦の行われるブライトンに朝から移動し、WR幹部と日本側による断続的な交渉を試合開始直前まで手伝った。

鈴木によると、首相と文科相からのメッセージは、新国立がW杯に間に合わなくなったことを謝り、日本政府が大会に対して協力を惜しまないことをラパセ会長に改めて約束するものだった。神奈川県知事も、決勝開催地がW杯成功のために最善を尽くすことを誓っていた。

鈴木は、持参した2002年サッカーW杯日韓大会決勝の写真もWR側に見せ、横浜国際総合競技場がサッカーW杯のメインスタジアムだった歴史と格式を備えていることを力説。徒歩圏にある新横浜駅が東京から新幹線で20分弱と、交通の便がいいことも強調した。

しかし、どんなに言葉を尽くしても、メインスタジアムの変更に対するWR側の激怒を完全に鎮めるまでには至らなかったという。

「サッカーのW杯や五輪に次ぐ、世界3番目のスポーツイベントがラグビーW杯であり、そんなラグビーに対する敬意を日本人は欠いている——との意見がＷＲ内には根強いと、ラパセ会長から伝えられた。こうなると私には『おっしゃるとおりで、本当に申し訳ありません』と平謝りするしかなかった。日本—南ア戦の開始前までにラパセ会長が示した姿勢は『日本側の謝罪と新たな開催計画については了解した。来週に開くＷＲ執行部の会合で情報を共有したうえで、日本開催の是非を再議決する必要がある』というものだった」

南アフリカによるW杯開催権奪取プラン

政府の謝罪でも収まらないほど、新国立競技場の問題にＷＲが腹を立てた背景を、もう少し説明しておこう。

4年に1度のＷ杯は、ＷＲにとって4年分の活動費を確保する重要な資金源だ。決勝に、8万人の収容規模で計画された新国立競技場が使えず、7万2000人収容の横浜国際が会場になると、チケット収入は大きく減少する。そもそも収益の見通しが立ちにくいアジアでのＷ杯開催に対しては、ラグビーの統括団体内に懐疑的な声が絶えなかった。

ラグビー人気が低くても人口が多いアジアで19年大会を行い、競技の普及と将来の収入源としての発展に期待する代わりに、その前の15年大会を競技人気が高くて大規模な競技場を持つイングランドで開いてきっちり稼ぐ。そんな狙いもあって、WRはラパセ会長主導のもと、15年大会と19年大会の開催地を2大会まとめて決めた。

こうした経緯を踏まえれば、チケット収入が当初計画よりも減る見通しになったのは、日本開催にとっては手痛いマイナス要素といえた。

加えて、ラグビー関係者によると、WR内では不穏な動きが活発化していた。

フランス人のラパセ会長は改革派の進歩的な人物で、大きな功績が二つある。一つはオリンピックへの7人制ラグビー導入実現で、もう一つが19年W杯をラグビー伝統国ではない日本に持ってきたことだ。これに対し、保守的な英語圏のラグビー大国から選出された理事たちが主なメンバーとなり、WR内には反ラパセ派が形成されていた。

そんなWR内の力学と新国立競技場の問題に、南アフリカがつけ込もうとした。19年W杯の開催権を日本から横取りする「プランB」を水面下で画策し、反ラパセ派の理事たちにメールを送ったのだ。その内容は「W杯の決勝スタジアムが変更されるのは、WR執行部の失態ともいえる」などと現体制への批判を強めたうえで、「われわれにはW杯を開催する用意がある」とアピールするものだったとされる。

南アはW杯招致活動で、11年大会をニュージーランドに、19年大会を日本に持って行かれて、悔しさを募らせていた。南アのラグビー界は、自国の政府からプランBの号令を掛けられていたともいわれている。

南アの動きで、WR内にはラパセ降ろしの風が吹き荒れ、W杯日本開催は大ピンチに陥った。プランBについては当時、各国で断片的に報道されてもいた。あまり詳しく報道されなかった日本でもラグビー界の幹部は深刻な情勢を把握し、危機感を強めていた。

ジャパンが快挙、不穏な動きは雲散霧消

そんな空気の中で、英国時間の9月19日16時45分、日本―南アフリカの開始を告げるホイッスルが鳴り響いた。VIP席についた鈴木のまわりでは、日本ラグビー協会の森名誉会長や岡村正会長（当時）、日本大会組織委の嶋津事務総長らも試合を見守った。ラパセ会長らWRの幹部はもちろん、対戦相手だった南アフリカ協会の幹部も顔をそろえていた。

「ひょっとしたら2019年W杯は、この人たちに持って行かれてしまうのかも、などと心配しながら、ハーフタイムに私は南ア協会の幹部らと会話をした。非常に、気まずい観戦環境だった。そんな中で、日本代表が、あの戦いを演じてくれた」

誰もが南アフリカの勝利を疑わない顔合わせだった。それまでのW杯7大会のうち2大会を制した優勝候補の南アフリカに対し、日本は通算で1勝だけという弱小国。しかし、

いざ試合が始まると、日本はスピードに乗った攻撃と五郎丸歩の正確なキックで得点を重ねる。屈強な南アに一歩も引かず、白熱の大接戦になった。

3点を追う終了間際、日本は相手ゴール前左寄りで反則を受け、決まれば同点となるペナルティーゴール（PG）を蹴る権利を得た。ところが、リーチマイケル主将はPGではなくスクラムで試合を再開させるプレーを選択、強気にトライを狙いにいく。ここから、息の合った粘り強い連続攻撃で右に左に相手防御を揺さぶり続け、最後は途中出場のカーン・ヘスケスが左隅に飛び込んで逆転トライを決めた。

日本34―32南アフリカ。ノーサイドと同時に、スタジアムは興奮のるつぼと化した。ラグビー関係者によると、ラパセ会長は大変な喜びようで、森名誉会長や嶋津事務総長らと、観客席で握手や抱擁を繰り返した。日本ラグビー界幹部の携帯は、世界中のラグビー関係者からの祝福が殺到して、鳴りっぱなし。対照的に、南ア協会の幹部たちは言葉を失ったまま、スタジアムを逃げるように立ち去った。南ア協会のリーダーから森名誉会長に、ノーサイド精神に反した振る舞いをわびるメールが届いたという後日談もある。「あなたと握手もせずに帰ってしまった。取り乱して、申し訳なかった」と。

この試合を境に、WR内ではラパセ降ろしの風がピタリと吹きやみ、19年W杯の開催権横取りを狙った南アの動きも鎮まった。鈴木は、感慨深げに振り返る。

2015年W杯の南アフリカ戦で、 試合終了まぎわに逆転トライを決めたヘスケス

「試合翌日、WR幹部を含む世界ラグビー界の雰囲気は、ガラッと変わっていた。『まあ、日本開催でいこうか』という流れになった。翌週に開かれたWRの会合で、日本開催は無事に再議決された。いろんな意味で、本当に大きな勝利だった」

世界スポーツ史上屈指の大番狂わせとしてセンセーショナルに報じられ、語り継がれている南アフリカ戦。W杯の開催地変更を狙う動きを雲散霧消させた意味でも、きわめて価値の大きな勝利だ。

こうした側面を知ったうえで、2019年W杯日本大会を振り返ってみていただきたい。日本代表の8強入り、平尾誠二の命日である10月20日に行われた日本—南アの決勝トーナメント1回戦、そこで日本に雪辱して勝ち進んだ南アフリカの優勝……。一連のドラマの感動は、必ずや深まる。なにしろ、2015年にあの大番狂わせが起きていなかったら、それらは一つも実現していなかったかもしれないのだ。

W杯イングランド大会の閉幕後、WRのラパセ会長が、安倍首相に日本―南ア戦の使用球をプレゼントした

物事を考えるためのOS——鈴木寛と平尾誠二

参院議員、文科副大臣などを務めた東大&慶大教授。堅苦しい話になるのかと思ったが、「スズカン」が接した平尾像を夢中で語ってもらった。鈴木さんに限らず、一連のインタビューでは、平尾さんのことになると夢中で語る人ばかりだった。

鈴木さんには数々の平尾語録を披露してもらったが、「物事を考えるときのOS（基本ソフト）の大事な要素は平尾さんから授かった」といったスズカン語録も興味深かった。どんなハイスペックのパソコンも、OSがなければ役に立たない。才能があっても、それを管理、制御しないと何かの役に立つのは難しい。鈴木さんも平尾さんも、刺激し合える人との出会いで、自分のOSを鍛え上げていったのだ。

大金星の秘話は、何げないひと言がきっかけだった。「ブライトンの奇跡」を現場観戦したと聞いて「それはうらやましい」と言ったところ、「うらやましがられるような事情ではなくてね。じつは政府の重い任務を帯びていたんです」と。そこから、ほとんど知られていなかった2015年の南アフリカ戦の裏話を聞けた。

6 「洋魂和才」、日本代表に息づく平尾イズム

サントリー酒類常務執行役員・日本ラグビー協会理事 土田雅人（57）

10―6で、同志社大はリードしていた。だが、後半のなかば過ぎから、ほとんど自陣にくぎ付けだった。1985年1月6日、国立競技場で行われたラグビー大学選手権決勝の慶應大戦。4年生だったナンバー8の土田雅人は声を張り上げ、押され続けるフォワード陣を鼓舞していた。プレーが中断したときに、主将代行で同期生のセンター平尾誠二が近寄り、話しかけてきた。

「慶應にトライさせろ！」

土田は一瞬、耳を疑った。当時は1トライが4点。トライを許せば、同点に追いつかれてしまう。直後のゴールキックが決まれば、2点を勝ち越される。それなのに「トライをさせろ」とは？

大舞台で「相手にトライさせろ」と言える勝負勘

「最初は理解できなかった。でも、自分も間もなく『そうだな』と納得した。攻められ続けて、いらだつ味方が反則を繰り返す。しかも、満員の国立競技場がほとんど慶應コール。苦しくて、苦しくて、ちょっと耐えられなかった。だから、リセットしたかった。慶應のゴールキッカーの調子がよくなかったから、トライされても隅っこなら（直後のゴールキックが決まりにくい角度からになるので）、同点止まりだろうと。再開後はハーフウェーまで戻れるし、自陣から抜け出して攻めるには、ひとまずトライされるしかないと思った。でも、僕らがそんなことを思っていたというのに、慶應はトライをとれない。グラウンドの端でスクラムになったとき、押し込んでスクラムトライをすればいいのに、それができないんですよね」

慶應の猛攻をしのいでいるうち、残り時間は2分となった。慶應はゴール前10メートル、右隅のスクラムからバックスに展開し、村井大次郎がゴール中央に飛び込んだ。同点トライで、この位置なら直後のゴールキックも簡単に入りそう。慶應勝利――と誰もが思った。しかし、レフェリーは村井に渡ったパスがスローフォワード（前方にパスを出す反則）だったとして、慶應のトライを認めなかった。命拾いした同志社は4点のリードを守りきり、

1985年1月、国立競技場での大学選手権決勝で、グラウンドに飛び出す同志社大の平尾誠二（左手前）と土田雅人（右）ら。平尾の先制トライなどで慶應大に競り勝ち、3連覇を遂げた

史上初の大学選手権3連覇を達成した。

「大接戦の大詰めに、相手にトライをとらせようという発想をする選手を、平尾のほかに僕は知らない。監督でも、そんな人はいないんじゃないかと思いますね」

土田は試合中、平尾の言葉をほかの選手に伝えなかった。「言っても誰も理解できないし、リズムが崩れかねない」と感じたからだ。だが、土田には平尾の意図が飲み込めた。高校時代からいつも顔を突き合わせて話し合ってきた2人にしか踏み込めない領域が、そこにはたしかに存在した。

シャイなのに、オヤジ殺し

2人が出会ったのは、1980年夏、長野・菅平《すがだいら》で行われた高校日本代表のメンバー選考合宿だった。京都・伏見工の平尾と秋田工の土田は、秋の2次合宿でも一緒に過ごした。

翌年1月、大阪・花園ラグビー場での全国高校大会準々決勝で、伏見工と秋田工は対戦した。伏見工が16―10で勝ち、土田の高校ラグビー生活は、平尾を中心とするチームに敗れて終わりを告げた。一方、平尾はこの一戦で左太ももを痛めながらも、奮闘を続けた。準決勝で岩手・黒沢尻工を、決勝で大阪工大高を破り、伏見工を全国初制覇に導いた。

「高校日本代表の合宿では、平尾がキャプテンで、僕が副キャプテンのような感じだったので、いろいろ話をするようになった。当時の平尾はシャイで、あまり話をしなかった。平尾に『どこの大学に行くんだ』って聞いたら、『同志社に行こうと思っている』と。僕は筑波大を狙っていた。でも、平尾が行くと言ったので、同志社が気になるようになって『一緒に行くか』と、志望を変えた。彼となら日本一を目指せる、という気持ちもあったと思う。同志社を受験するときは、平尾の京都の実家に1週間くらい泊めてもらった」

ちなみに平尾世代の高校日本代表は、伏見工の山口良治監督（当時）に率いられてオーストラリアに遠征し、7勝1敗の好成績を収めた。メンバーには平尾、土田とともに同志社大に進み、その後日本代表にも選ばれる東田《ひがしだ》哲也（大阪工大高）もいた。

「大学に入って平尾は非常に明るくなったけど、根本的にはシャイで、余計なことは言わない。言葉を大切にしてしゃべっているのが伝わった。一緒にいて面白いというか、こんな発想をするんだ、と感じることがよくあった。僕だけじゃなくて、大人たちも同じ魅力を感じていたのだろうと思う。18歳くらいなのに、平尾はいろんな大人と付き合いがあった。『オヤジ殺し』じゃないけど、恩師の山口先生から紹介された人たちと会話していた。大人の言葉を、全部吸収できていた。それを彼は自分の言葉にして話していた」

外すか使うか同期の主力、練習場の脇で激論

当時の同志社大は同志社高の岩倉グラウンド（京都市左京区）が練習場だった。部員が住む寮を出ると、道を一本挟んでグラウンドの出入り口があった。入ったところにベンチがあり、毎日の練習後、そこが2人の青空会議の場になった。

「4年生になると、次の試合に出るメンバーも、ゲームプランも、ほぼ僕ら2人が練習後に話し合って決めていた。部長の岡仁詩先生から『こういう選手もあるんじゃないか』という話はあったけど、最後は『お前らで決めてみい』と任せてくれていた。メンバーを決めるときは、平尾と意見が違うこともありましたね」

青空会議がもっとも過熱したのは、シーズンの総決算となる大学選手権と、その優勝校が社会人王者に挑戦する日本選手権のメンバー編成だった。焦点は、東田の起用について。本調子ならば得点源として活躍するバックスの主力だが、そのシーズンはひざを痛め、回復途上にあった。

「平尾が『大学選手権では試合に出さない』って言い出した。東田よりも1学年下の清水剛志がいいと。ここ一発でトライをとれるよさがあるし、日本選手権で社会人を相手にしたときのディフェンス面でも戦力になると言っていた。ちょっとびっくりしましたね。僕

同志社大ラグビー部の同期３人組。（左から）平尾、東田、土田

は『いや、4年生で最後だし、（東田を）出そうよ』と。そこは激論しました。東田と僕と平尾は、一緒に飯を食いに行っていたし、飲みにも行くんです。でも、（平尾は東田を）外すんです」

結局、清水が大学選手権に出場。続いて、この年のチームがずっと目標にしていた「打倒・新日鉄釜石」をかけた日本選手権にも先発し、先制トライを挙げた。力及ばず、釜石に7連覇を許した試合ではある。だが、「清水にはトライをとれるよさがある」という平尾の読みは的中した。何かを予言するような平尾の慧眼《けいがん》。物事の見え方が違うのだろうか。

「国を代表するような選手なら、試合中に目の前のことは、よく見えています。でも平尾の場合は、ドローンじゃないけど、常に上空から見ているように感じられるんですよ。ラグビーでは攻撃を続けると、相手の防御が真ん中に寄ってくるので、必ず外が空いてくる。平尾の目に何がどう映っていたのかはわからないけれど、どのスペースが空いているかが、いつもわかっていた。しかも、立体的に見えていたようで、それらをよく覚えていました。この場面はこうだったと、試合の状況をすべてではないけど、かなりの部分まで。ビデオがあまり発達していない時代だったのにね」

勝負は試合前のじゃんけんで決していた

大学卒業後。土田はサントリーへ、平尾はイギリス留学を経て神戸製鋼に入り、社会人ラグビーではライバルとして戦った。のちにV7を達成する神鋼の2連覇がかかった全国社会人大会決勝で、2人は両チームのキャプテンとして顔を合わせる。1990年1月8日、舞台は大阪・花園ラグビー場。土田の脳裏に焼きついて離れないのは、試合前に一対一で演じた「勝負」だ。

キックオフをとるか、陣地を選ぶか、今のようにコイントスではなく、レフェリーの前で両キャプテンがじゃんけんをして決めていた。かつての盟友の手の内を、土田は手にとるようにわかっているつもりだった。

「平尾は試合前、グーしか出さない。アイツ、そういうところもあるんですよ。それで、僕もグーを出し続けた。ずーっと、あいこばっかり。とうとう、レフェリーから『いい加減にせえよ』って言われたんです。次のじゃんけんで、僕がパーを出して勝った。そうしたら、アイツが『これでお前、(今日の試合には)負けたな』って、ニコッと笑って言いやがったんです。いやぁ、それを言うかよ、試合前に、と思いましたねえ」

土田がグーを出し続ける戦術を変えたからか、目の前の勝ちに飛びついたからか、意地を貫き通さなかったからか、はたまた2人だけの勝負に介入してきたレフェリーという他人の忠告に従ったからなのか。とにかく平尾は、どこかに土田の弱さを見いだしたのだろう。土田にとっては憎ったらしい予言どおり、試合は神鋼が28―15で勝った。

「あのとき、じゃんけんに勝って、僕はどうしたんだったかなあ。風上（の陣地）をとったのか、キックオフをとったのか、もう覚えていませんよ。あとになってから『あのとき、ずっとグーを出し続けたらどうなったかな』と平尾に尋ねたことがあります。『それやったらお前、負けろよ』と言われた。『パーで勝つなよ』と」

もしも土田がチョキを出して勝ちを譲る姿を見たら、また違う試合展開を感じとっていたということなのか。ともあれ、当時26歳だった平尾誠二が、勝負に対する信念の一端を披露したじゃんけんには違いない。

打倒・親友、神戸製鋼の連覇を7で止める

土田は選手時代、平尾の神戸製鋼に、結局一度も勝てなかった。けれども、神鋼の日本選手権連覇を7でストップしたのは、33歳の青年監督に立場を変えた土田が指揮したサントリーだ。

神戸製鋼Ｖ８の夢が消えた1996年１月の全国社会人大会決勝トーナメント１回戦。平尾の突破を、サントリーの清宮克幸がタックルで阻む

1996年1月28日、秩父宮ラグビー場での全国社会人大会決勝トーナメント1回戦。平尾も出場したこの試合は、20―20の引き分け。しかし、次戦に駒を進めたのは、トライ数で2―1と上回ったサントリーだった。神鋼は1回戦で姿を消し、新日鉄釜石を上回る8連覇の夢を絶たれた。

この年のサントリーは、東日本社会人大会で三洋電機、東芝府中、NECに敗れ、全国社会人大会の予選リーグでもトヨタ自動車に完敗していた。絶好調とはいいがたかったし、快進撃を演じていたわけでもなかった。

「でも僕は、全国社会人大会の決勝トーナメント1回戦の相手が神鋼に決まった瞬間に思ったんです。『神鋼はたぶん決勝を見ている。うちは1回戦で神鋼に勝てば、それでいい』と。神鋼戦のために合宿をして、戦略を考えて、やれることを全部やった。その結果、たまたま引き分けてトライ数で上回り、先に進めた。3点負けていた終盤、ラストワンプレーで、うちの今泉清（元日本代表）がキックを蹴った。『ああ、終わったな』と思ったら、ボールがこっち側に戻ってきた。その後、神鋼の反則があって、同点のペナルティーゴールを入れることができた。ずーっと平尾に勝ったことがなかったから、アイツが現役で出ている神鋼を止めたかった。それはもう、うれしかったですよ」

土田にとって、監督1年目のシーズンでもあった。じつは開幕前、平尾に相談を持ちかけてもいた。

「日本のラグビーにプロの監督なんてなかった時代。僕は現役引退後、会社の仕事で生きていこうと考えて、しばらくチームを離れていた。だから、佐治《さじ》信忠副社長（現・会長）から監督就任を命じられたものの、チーム事情がよくわからなかった。そこで、平尾に『サントリーのキャプテンを誰にしたらいいだろうか』と、意見を聞きに行った。彼はまだ神戸製鋼のプレーヤーだったので、ほかのチームの事情もわかっていると思って。サントリーは清宮克幸（のちに監督として、早稲田大やヤマハ発動機を優勝に導く。現・日本ラグビー協会副会長）が、ずっとキャプテンをやっていたけど、なかなか勝てずにいた。平尾は『永友洋司（元日本代表選手、現・キヤノンGM）が面白いんじゃないか。明るいし』と推してきた。『でも、まだ大学を出て2年目だぞ』と僕は反論したけど、『いや、年数は関係ない』と言われた。そんなことを、すし屋で話したのが、ついこの間のようです」

神鋼戦で同点ペナルティーゴールを決めたのは、平尾に推薦されて主将に就いた永友だった。

史上最年少34歳の日本代表監督

サントリーは、打倒・神鋼を果たした勢いに乗って全国社会人大会の決勝に進出、三洋電機と27―27で引き分け、両者初優勝となった。ここでもトライ数で4―3と上回り、日本選手権に進出して明治大を下し、初の日本一を勝ちとった。翌シーズンも選手・平尾と監督・土田は対戦する。全国社会人大会の予選リーグでぶつかり、17―17でまたしても引き分けた。平尾は前半途中に負傷退場し、これが現役最後の試合となった。

それから間もなく、平尾は日本代表の監督に就任する。切っても切れない土田との絆は、その後もますます、深まっていく。

平尾は1997年2月、史上最年少の34歳で日本代表監督に就任した。2か月ほど前、現役最後の試合に出場したばかりだった。正式に引退を表明したのは98年1月のことで、その11か月前からジャパンの指揮官を務めていたわけだ。

日本のラグビー人気は当時、低迷期に入っていた。きっかけは、1995年のワールドカップ（W杯）でニュージーランド代表に喫した17―145という記録的大敗だ。さらに、強豪国が軒並みプロ選手を認めていく中で、アマチュアリズムに固執した日本の強化は、大きく立ち遅れていた。危機的状況にあって、日本ラグビー協会が引っ張り出したのが、高校、大学、社会人を通じて日本の頂点を極め続ける選手生活を送ってきた平尾だった。99年W杯と、さらにその先をも見据えた「切り札」の登場とされた。

「お前がコーチを受けないなら、俺は監督をやらない」

難役を引き受けるにあたり、平尾は日本協会に条件をつけた。土田を、コーチに迎えることだった。

2人は大阪で会い、一対一で話し合った。

「平尾は『土田をヘッドコーチかフォワードコーチにしたい。これを代表監督のオファーを受ける条件として、日本協会と話をしている。だから、お前が受けないと、俺は監督をやらない』と。そういう汚いこと言ってきたわけですよ、アイツ」

土田はすでに、サントリーの監督を2シーズン務め、チームを日本選手権初優勝にも導いていた。ただ、熱心で前途有望なビジネスマンでもあり、「これからは仕事をしたいから、もう監督をやめさせてくれ」とサントリー本社に申し入れ、ラグビーを離れることになったばかり。いかに平尾の求めでも、簡単には首を縦に振れない立場にあった。

「平尾に言ってやりました。『わかった。お前がここで土下座したら、俺はやるよ』ってね。

そうしたら、土下座はしませんでしたけど、『頼む』と頭を下げたんです。それで、受けました。まあ、彼もプレーヤーからコーチの経験もなく、いきなり監督ですからね。さすがにちょっとかわいそうだな、という気持ちもありました」

こうして、土田は日本代表のフォワードコーチに就いた。平尾からは、ムードメーカーとしても期待されていたという。

「僕は平尾からずっと『お前には俺の持っていないものがある』と言われ続けてきたんです。『きつい練習をさせられても、試合できつい場面になっても、いつもお前は明るいし、まわりをそういう雰囲気にする。それは俺にはできない』と。そんなことを言っておいて、一番きついことを僕にやらせるんです。試合中、僕はウォーターボーイ（選手たちへの水運び）をやりながら、平尾の指示を選手に伝えていました。サントリーでは監督だったのに、ジャパンではウォーターボーイ……。試合前のウォーミングアップも、はじめの頃はスーツを着て見ていたけれども、途中からはトレーニングウェアを着て、一緒に動いて選手を盛り上げていました。まあ、そういう役回りなんでしょうね」

日本代表の練習後、ピッチ脇で談笑する平尾誠二監督（左）と土田雅人コーチ（中央）ら

外国人選手の持つ「魂」を桜のジャージーに注入

日本代表を作り上げるにあたって、平尾は印象的な造語を掲げた。

「和魂洋才という言葉がありますよね。平尾は『洋魂和才』だと言ったんです。『日本代表に今、魂はない。でも、外国人はそれを持っている』と」

日本のラグビー界には長らく、日の丸を背負って国際試合を戦うよりも、むしろ所属チームでの国内リーグ戦などで活躍することを重視する風潮があった。無理もない側面もあった。代表のステータスが低いのに、テストマッチで負ければメディアに叩かれる。選ばれても割に合わない代表チームになっていた。

そんな状況下、平尾監督は、ニュージーランド出身のアンドリュー・マコーミックに主将を任せた。ニュージーランド代表「オールブラックス」の元メンバーだったジェイミー・ジョセフ（現・日本代表ヘッドコーチ＝HC、監督に相当）やグレアム・バショップに桜のジャージーを着せた。「チェリーブラックス」と揶揄《やゆ》されても、指揮官はぶれずに外国人の精鋭を選んだ。土田は、こう語る。

「本当にラグビーが好きで、ラグビーのために体を張って、代表のジャージーに恥じない、逃げないプレーをする選手。それは当時、日本人よりも外国人だった。彼らの持つ魂を、桜のジャージーに注入してもらって、そこに日本らしいラグビー、日本らしい文化を入れていこう。それが、僕らの狙いだった。マコーミックをキャプテンにしたときは『どうして外国人なんだ』と、マスコミから批判された。けれども、マコーミックだったり、ジョセフだったりの力が、チームにはやはり必要だったんです」

その国の国籍がなくても代表選手になれるのは、ラグビーというスポーツの特色でもある。その国で①自身が生まれた②両親と祖父母のうち1人が生まれた③3年（2020年末以降は5年）以上にわたって継続的に居住している——という3条件のいずれかを満たせば、代表資格を得られる。

ラグビー発祥国であるイギリスには昔から海外移住者が多く、英国人に移住先の国で代表に選ばれる道を開こうと、こうした制度が生まれたとされる。日本代表のW杯出場チームを見ても、外国出身者は1987年の第1回大会から常に加わっていた。南アフリカから大金星を挙げた2015年のW杯に出場したチームは登録メンバー31人のうち10人が外国出身者で、19年W杯日本大会では31人中15人を占めた。数多く選び始めたのは平尾ジャパンだが、その方針にルール違反や道義的な問題はまったくない。

ホワイトボードに示された日本代表の戦い方

多士済々なメンバーを、平尾と土田は、どう導いたのか。相手チームの戦術や技量をビデオ映像で綿密に分析して試合に臨む側面が、当時はよく脚光を浴びた。だが、さらに大切な信念があったと、土田は考えている。

「相手がどういう戦い方をしてこようが、日本代表はこういうラグビーをするんだというイメージを、平尾は持っていた。ミーティングでは、イメージに合ったトライなどの映像を流し、得点の取り方や戦略を示した。そして、ホワイトボード上に、キーワードやイメージ図を書いてみせた。的確で、外国人選手にもわかりやすい説明だった。目指すチーム像を、はっきりと徹底的に伝えたうえで、選手をグラウンドに送り込んだ」

チームは1999年の初夏、「エプソンカップ・パシフィックリム」という国際大会で初優勝を飾る。サモア、トンガ、カナダ、米国を次々と破った。戦術の基盤としていたのが「リズムとテンポ」だ。フォワードが連続してラックを作り、そこから素早くボールを出す。バックスが多彩なパスで防御を突破し、トライにつなげる。その年の秋にW杯を控え、平尾が進めてきた強化策が一つの結果を出した。ところが――。

平尾ジャパンに立ちはだかったW杯の壁

その年の10月、イギリスのウェールズを主会場とするW杯を迎えた。ファンや関係者の期待を一身に背負って乗り込んだ大勝負で、平尾ジャパンは、世界の壁にぶち当たった。

3日、サモアとの初戦。前半、フルバックの松田努《つとむ》（東芝府中）が左肩にけがをして退場したところから、チームの生命線であるリズムが狂った。激しい雨と風の中、日本のパス回しはスピードに乗れず、ミスから逆襲を浴びる。試合を通じて、日本は一つもトライを奪えず、相手には5トライを許した。9—43。5か月前のパシフィックリムで破ったサモアに、完敗を喫した。

「初戦が大事だった。残念ながら、日本は（先発の）15人まではよかったけれども、交代選手の層が薄かった。W杯では、登録メンバー30人の誰が出ても変わらないチームが勝つ。それを痛感した」

続くウェールズ戦は、エースの大畑大介（神戸製鋼）がタッチライン際を走って2人を振り切る美しいトライを決めるなど、見せ場もあった。だが、地元の強豪との実力差は大きく、結局9トライを許して敗れた。最後の試合もノートライでアルゼンチンに屈し、平尾監督と土田コーチのW杯は3戦全敗に終わった。

「パシフィックリムの時点で、チーム作りは（100点満点で）80点くらいまで進んだと思ったし、W杯への手応えも感じていた。けれども、テストマッチとW杯は違った。まだW杯を戦う力はなかった。サモアなんかは、パシフィックリムでやったときの選手たちとは違う、一つレベルが上のメンバーが出てきた。世界ではプロ化も始まっていて、日本とは力の差があった。相手が強かった」

100年の計、道なかばの代表監督辞任

悔しいW杯を最後に、土田は日本代表コーチを退いた。そこで任務に区切りをつけると以前から決め、日本ラグビー協会や周囲に意思を伝えてあった。ただ、平尾には監督続投を勧めた。平尾自身も敗退直後に「3試合を通して課題が明確になり、ようやくスタート台に立ったところ。ここから始まるのかなという感じがする」と前向きな言葉を発していた。

「監督を引き受けたときに、平尾は『100年の計でやります』と言っていた。だから、僕は『それを守って、ぜひ監督を続けろよ』という話だけしました」

日本協会からも続投要請があり、平尾は引き続き代表を指揮した。だが、チームはその

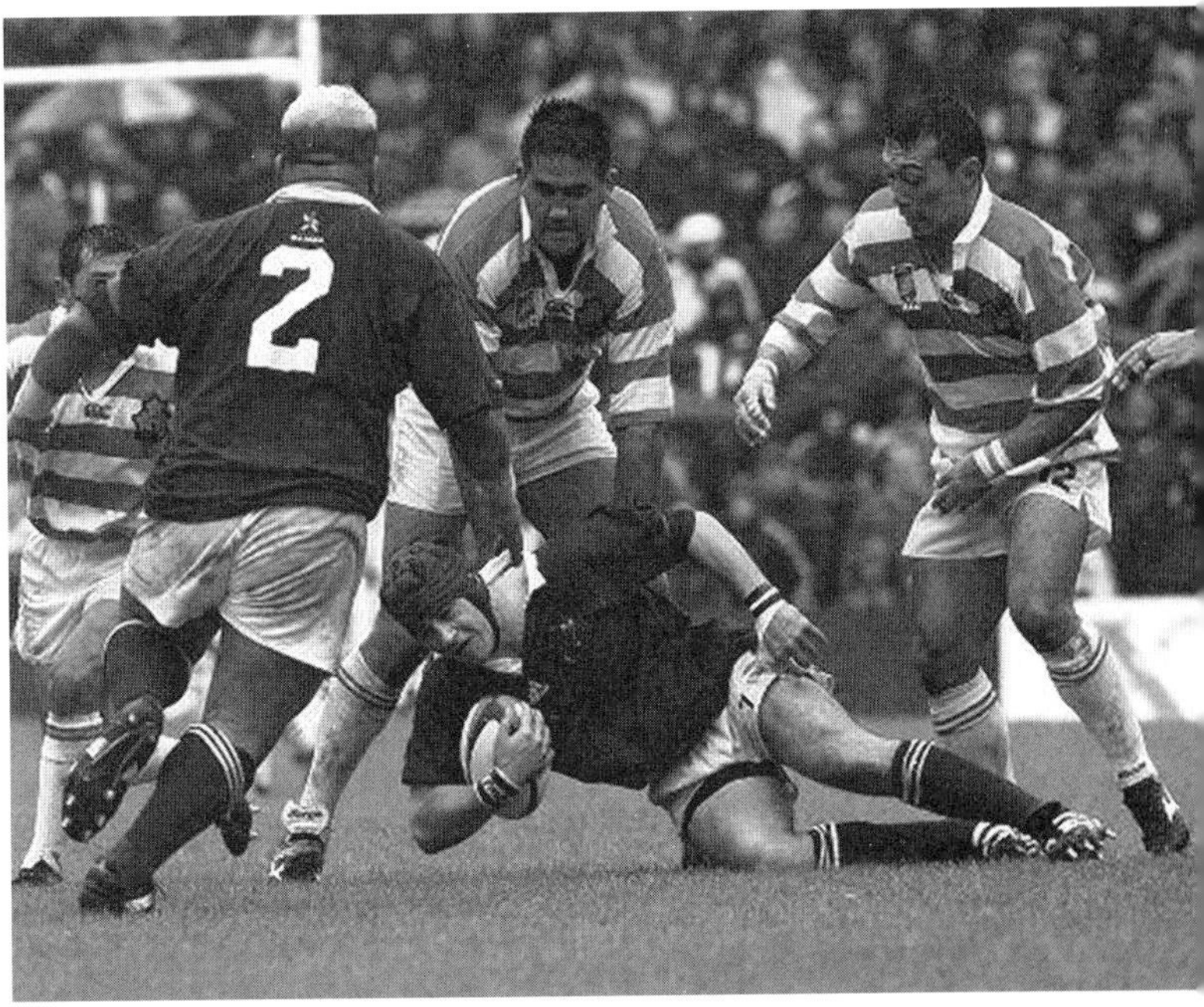

1999年W杯で日本代表としてプレーするジョセフ・現日本代表HC（中央奥）

後も不振にあえぐ。W杯1年後の2000年秋、平尾ジャパンはアイルランドに遠征した。03年のW杯を見据えてチームの若返りを図ろうとした遠征だったが、テストマッチで9―78と大敗するなど、0勝3敗に終わってしまう。帰国後、平尾は監督辞任を表明した。

けがなどで代表を辞退する選手が相次ぎ、思うようなメンバー編成で臨めなかった遠征で負けがこんだのを機に身を引くのは、不本意でもあったはず。しかし、平尾は「世界は大きくて速くなっている。日本が突く『すき間』がなくなっている」と、悔しさを押し殺して淡々と語った。土田は惜しむ。

「平尾監督で、次のW杯も戦ってほしかった。W杯のプレッシャーと戦い、W杯で勝つラグビーには、経験が必要。2015年W杯で日本のHCだったエディー・ジョーンズなんか、イングランド代表のHCを務めて準優勝した19年のW杯が指導者として4度目でしたからね」

世界と戦うためのトップリーグ構想

戦績はふるわなかった平尾ジャパンだったが、日本ラグビーに多くの貴重な財産や教訓を残し、国内の社会人ラグビーの環境を大きく進化させる種もまいた。

「トップリーグ構想を作ったのは平尾です。実力の伯仲したチーム同士がぶつかる厳しい試合の数が足りないうちは、世界で勝てないからです。僕も日本代表コーチに就任したとき、選手の力の差が所属チームによってあまりに大きいことに驚いた。しかたなく、代表の練習を体力作りから始めた。でも、それは（本来なら所属チームでやるべきことで）スタート地点が違う。当時の社会人ラグビーは、東日本や関西のリーグ戦のあと、全国大会があるだけ。きつくて質の高い練習を日頃からしていたチームも、サントリーとか東芝府中とか神戸製鋼くらいで、下位チームはそうではなかった。平尾と僕は『トップ級のチームが毎年最低10試合か12試合する。これをやらないと強くならない』と日本協会に掛け合ったんです」

日本協会は、2002年に日本代表選手とのプロ契約を始め、翌2003年にトップリーグを創設した。強化策の結果がすぐさま表れるほどW杯は甘くなかったが、15年大会で南アフリカなどから3勝を挙げた頃になって、ようやく日本は世界レベルに近づいた。

一方、土田は代表コーチを離れた後の2000年、サントリーの監督に復帰。前シーズンの全国社会人大会で神戸製鋼に17―73と大敗するほど低迷していたチームを、就任1年目で日本選手権優勝に導くと、翌シーズンも連覇を飾った。代表で接した平尾の指導を自分なりに消化し、3シーズンの指揮に生かしていたという。

「以前サントリーを率いたときのような、相手を研究して試合ごとに戦い方を変えるチームを、僕は二度と作らないと誓った。平尾から教えられたとおり、目指すチーム像を決めて、わかりやすく選手に伝えた。ただ、サントリーは若いチームだったから、ラグビーの型を決めた。攻撃のサインプレーは、1次攻撃から4次、5次くらいまで決めていた。平尾ジャパンはたしか1次、2次までだった。『相手防御を崩したあとは、自分たちで自由に、トライのとり方を考えればいい』というスタンスの平尾だったら、先の先まで細かく決める点については、ちょっと嫌がるかもしれないなと思いながらやっていましたけどね」

「平尾と2人で選んだ」ジェイミー・ジョセフHC

2019年1月、神戸市内に平尾の墓が建った。土田は3月、墓参りと平尾の長男・昂大と一杯酌み交わすために、関西を訪れた。その足で、同志社大時代の練習場だった岩倉グラウンド（京都市左京区）に33年ぶりで足を踏み入れ、平尾との思い出を振り返った。

代表監督を離れたあとの平尾は、神戸製鋼のゼネラルマネジャー（GM）を長く続け、ラグビーW杯日本大会の組織委員会理事にも名を連ねた。2015年6月、日本ラグビー協会の理事に就任。すでにサントリーで系列会社の社長になっていた土田を、またしても

左奥に比叡山を望む岩倉グラウンドで、学生時代に思いをはせる土田。「今、白いフェンスがある向こう側のあたりで、よく平尾と話し込みました」

誘ってきた。

「アイツが『俺は日本協会の理事をやる。お前もやれ』と声をかけてきた。『いや、俺は仕事で忙しい。無理だ』と言ったんだけど、結局やることになった」

そろって理事に就いてから、わずか3か月後、平尾の大病が判明した。W杯イングランド大会の開幕直前のことで、この大会で日本が挙げた3勝を、平尾は現地で見られなかった。それでも、毎月開かれる日本協会の理事会には、しばらく出席を続けた。

「理事会で会うたびに、彼、どんどんやせていくんです。16年の3月頃に『家族と旅に出るわ』と言って、しばらく音信不通になりました。そこからは、いろんなリハビリがありました。僕も彼の部屋へ行ったり、一緒に鹿児島へ治療に行ったりしました」

協会理事として、平尾が携わった最後の大仕事が、日本代表指揮官の人選だった。エディー・ジョーンズ前HCが、W杯イングランド大会後は続投しないと大会前に表明したため、後任選びが早い時期から本格化したのだ。土田は、こう言いきる。

「ジェイミー・ジョセフをHCに決めたのは、僕と平尾です。平尾と僕と、あと何人かを入れて、次の指揮官を話し合った。『日本のことをよく理解している』というのを必須条件として、僕らはリストアップしていった。やはりトニー・ブラウン（元パナソニック）は、コーチとして必要だという意見で一致した。そして、ジョセフは僕たちが率いた日本代表

８強入りを決めて選手と喜ぶジョセフＨＣ（左）。右は練習を見守る日本代表監督時代の平尾とコーチだった土田

でも、サニックス（福岡県宗像市）でもプレーした。指導者として2人は、ハイランダーズ（ニュージーランド）をともに率いて、スーパーラグビー（南半球などの強豪クラブがそろうリーグ戦）で優勝している。いろんなことを考えて決めました」

自身が人選に携わったジョセフHCが指揮し、ニュージーランド出身で日本国籍を取得したリーチマイケル（東芝）がキャプテンを務める。まさに洋魂和才を体現するチームの状況を、平尾は気にかけ続けていたという。

「平尾に会うと必ず『ジョセフやブラウンはどうや？』『あの選手はどうなっている？』という話になった。あんな病気をしているのに、神鋼だけじゃなくて日本のラグビーを、最後まですごく気にしていた」

遺志継いだW杯8強「平尾に見せたいラグビーだった」

ジェイミー・ジャパンは着実に力をつけた。指示されたとおりに戦うのではなく、自立した選手たちがグラウンド上で状況判断して試合を運ぶ。キックで相手の陣形を崩すのか、パスとクラッシュを繰り返してチャンスを探すのか、相手・時間帯・得点差などを考慮して戦術を使い分けた。エディー・ジャパンでは「使用禁止」を指示されていた飛ばしパス

学生時代の２人

やオフロードパス（タックルを受けながらつなぐパス）を駆使し、防御網を切り裂いた。迎えた本番、アイルランドやスコットランドを真っ向勝負で撃破するなど4連勝の快進撃で、目標としてきた初のW杯決勝トーナメント進出を達成した。

4強入りをかけた南アフリカとの決勝トーナメント初戦は、平尾の命日にあたる10月20日に行われることになった。

「これはいったい、どういう巡り合わせなんだろうか……」

そんな思いに駆られ、土田は試合前、ジョセフHCを選んだ2015年に平尾と交わしたメールを読み返した。「代表チームスタッフ選定に関するガイドライン」「ターゲット2019戦略シナリオ」、そして7人の名前をリストアップした「JAPAN監督候補」。GMや監督としてラグビーのチーム運営に長く携わってきた平尾と土田のノウハウを結集した内容だった。メールをやりとりしていたこの頃、すでに病魔に侵されていた平尾が注いだジャパンへの情熱を思うと、土田は身が引き締まった。

南アフリカとの準々決勝は3—26と力負けに終わり、4年前に世界を驚かせた大金星の再現は果たせなかった。だが、土田は深く心を動かされた。

「期待以上でしたよ。型にこだわらず、個の力で勝負して、快進撃を見せてくれた。平尾に見せたいラグビーだった」

それでもなお、土田には心残りがある。

「もう一度、平尾に代表監督をやってほしかった。コーチングを知っているし、日本サッカー協会でも理事をやったりして、いろんなマネジメントも知っている。ラグビー協会では、平尾がトップリーグ担当理事で、僕は日本代表の強化担当理事だった。最後に、言ってやったことがあるんです。『お前を代表監督にできるのは、俺だけだ。権限を発動するぞ』って。できなかったですけどね」

もしも土田が権限を使っていたら、平尾はきっと「お前がコーチを引き受けるなら、俺はやる」と返したに違いない。

土田雅人（つちだ・まさと）
1962年10月21日、秋田市生まれ。秋田工でラグビーを始め、3年で高校日本代表に選出される。同志社大に進み、2～4年で大学選手権3連覇を達成。85年、サントリーに入社し、89年度は主将として全国社会人大会準優勝。95年度は監督就任1年目で、日本選手権初優勝に導く。日本代表フォワードコーチを経て2000年、サントリー監督に復帰、日本選手権2連覇を果たした。03年にサントリー監督を退き、その後はゼネラルマネジャー、強化本部長としてチーム強化にあたった。15年、日本ラグビー協会理事に就任。現役時代のポジションはナンバー8。日本代表キャップ1。本業では、サントリーフーズ社長、サントリービバレッジソリューション社長を経て、19年4月からサントリー酒類常務執行役員。

中身に合った器を選ぶ——土田雅人と平尾誠二

土田さんも同志社大で岡仁詩さんの薫陶を受けた。平尾さんは「自由」や「個人」に重きを置いた岡さんの理念を正統に受け継いだ。土田さんはサントリーの指揮官として形を作り、決めごとが多い戦術で選手に同じ方向を向かせた。「自由」や「個人」は表に出てこなかった。

「縦の明治」「横の早稲田」のように、昔の大学ラグビーには各校の伝統的な攻撃方法があった。しかし、岡さんの考えは「選手がもっとも力を発揮できる方法を選ぶ」というものだった。器に合わせて中身を決めるのではなく、中身に合った器を選ぶというやり方だ。この考えだと土田さんの手法も合点がいく。決めごとを作ったほうが、選手の力が発揮でき、勝利に近づけると考えたのだった。そのあたりは、土田さんもまた岡理念を受け継いだ教え子だといえる。

ところで、筆者（橋野）の母校でもある同志社大に伝説として語り継がれていた「トライさせろ」の謎が、今回のインタビューでようやく解けた。この試合に出ていた何人かに訊いたことがあったが、そんな指示は聞いていないという選手ばかりだった。相手にトライをさせるという平尾さんの発想は驚異的だ。だが、それをグラウンドにいる選手に伝えていれば、逆に混乱し、試合結果はひっくり返っていたかもしれない。指示を広めなかった土田さんの判断も、大いに勝利に貢献した。

同志社大はこの優勝を最後に、30年以上も大学日本一から遠ざかっている。その理由は多岐にわたる。

昭和の終わり頃、練習場が京田辺市に移転して、京都市内のキャンパスから通うには時間がかかるようになった。京都市内のキャンパスで夜間に授業が行われるいわゆる「二部」の選手は、練習後にグラウンドからキャンパスまで移動していては授業に間に合わないため、入部させにくくなった。平成の初めは、そんな理由が挙げられていた。ほかの有力大学ほど、推薦入試で優秀な高校生を獲得できないという事情もある。

ただ、遅れていた寮やグラウンドなどの環境が整備されてからも、残念ながら成績がなかなか上向いてこない。ある指導者は「ラグビーの格闘技化への取り組みが十分でないこと」が最大のネックだと指摘する。

1995年のラグビーのプロ化以降、世界的に選手の肉体強化が急速に進んだ。今、第1回W杯（87年開催）の映像を見ると、選手の体の線が細いことに驚く。個人の判断力を磨く必要がある攻撃力よりも、防御は規律と密なコミュニケーションがあれば一定レベルの力がつく。防御が発達するにつれ、ボールを展開して網を破る攻撃は難しくなった。一対一のぶつかり合いで優位に立って、少しずつ前進し、力ずくで仕留めるというラグビーが増えてきた。

そんな潮流は、日本の大学ラグビーにも押し寄せた。たとえば、2018年まで大学選手権9連覇を果たした帝京大の原動力は、筋力強化による個々のフィットネスの向上だった。もともと展開力重視だった同志社の対応は後手に回った。

世界のプロ化に乗り遅れた日本代表も、長らく世界から取り残されていた。1995年から2011年のW杯5大会では、1勝もできなかった。エディー・ジョーンズHCが率いた15年W杯の日本代表が3勝を挙げて躍進を遂げた背景には、やはり徹底的な肉体強化があった。

じゃあ、同志社もガシガシと筋力強化にあたるかというと、そう簡単に手を染めないのが「らしさ」である。もちろん、立派なウェートトレーニングの施設はあるし、選手たちはそこで日々汗を流している。それでも、わが母校は「サムシング・ディファレント」なのである。

ほかと同じでは面白くない。少し違うことを求める岡イズムは、今もどこかに息づいている。プロレスラーのような筋骨隆々の選手を育てるのではなく、何か違う方法で活路を見つけ出して、勝利をつかむ。

いつかやってくれるだろう。平尾さんと土田さんも期待しているはずだ。

7 勝負師2人の「与えれば与えられる」絆

将棋 羽生善治九段（49）

芝の上で楕円球を踊らせるラガーマンと、盤上で駒を操る棋士。平尾誠二と羽生善治は、それぞれの分野を代表する勝負師として、平成時代（1989年1月～2019年4月）に名を刻む。2人はかつて、戦いの場の違いを超えて交流し、刺激を与え合っていた。出会いは1991年4月、平尾が28歳、羽生は弱冠20歳だった。

「平尾さんの存在はもちろん、前から知っていました。直接お会いしてみると、イメージどおりダンディーというか、スマートな方だなと。ラグビー選手としてだけでなく、人としての総合的な魅力や強さを持っておられた。ユーモアもあり、関西人らしくオチをつけた楽しい話で、笑わせてくれました」

2人が10代だった頃から撮り続ける写真家の岡村啓嗣に引き合わされた夜は、東京・青山通り沿いのスペイン料理店でテーブルを囲んだ。2軒目のパブは、3人で貸し切り状態となり、平尾は「大阪で生まれた女」を、羽生は「マスカレード」をカラオケで熱唱した。

8歳下の羽生は、すっかり打ち解け、平尾にこんな意見を述べた。
「与えれば、与えられるんです——。そんな話をしたことは、覚えています」

王者・神戸製鋼のノウハウを日本代表と共有すべきか

平尾は当時、ラグビー日本代表の中心選手だった。国内で圧倒的に強かった神戸製鋼で培った勝つノウハウや戦術を、よそのチームからも多数の選手が集まっている日本代表に、一切隠さず注ぎ込んでもいいものか。ジャパンの勝利よりも所属する社会人チームの成績を重視する気風が、ラグビー界に支配的だった時代らしい迷いだった。それを平尾は、羽生に打ち明けた。

ノウハウを出し惜しまないことを勧めた羽生の言葉は、将棋界での実体験に裏打ちされたものだった。

羽生はその頃、佐藤康光や森内俊之といった同世代の新鋭とともに、「島研」に参加していた。少し上の世代に属する初代竜王・島朗《あきら》のまわりに集う研究会だ。ライバル同士が会を作って腕を磨くのは、当時の将棋界では異例で、「手の内を明かしたら対戦時に不利になるのでは」と疑問を投げかけられてもいた。それでも、新しい戦術を探求する島研メ

1995年2月、東京の代々木公園で語り合う平尾誠二（左）と羽生善治

ンバーの姿勢はぶれず、のちのスター棋士たちが続々と巣立った。

「将棋の世界は、戦術がどんどん刷新、更新されていく。経験則として、自分が見つけた『いい手』も、じつは発表のタイミングに恵まれただけで、すでにほかの誰かが見つけているということが多い。手の内をクローズにしても、どうせすぐに誰かが知ったり、発見したりすることになる。思考の堂々巡りにも陥りがち。それならば、手の内をすべて公開して（将棋界全体で）前に進んだほうがいいじゃないかと。まあ、ラグビーは団体競技ですから、チーム事情などで、どうしても話せないところはたくさんあるでしょう。将棋とは世界の違いがあるのかな、と感じました」

将棋流の考え方を、平尾はどう受けとめたのか。実際に代表チームに神戸製鋼のノウハウを注いだのか。今となってはわからない。ただ、その約半年後の1991年10月、日本代表は第2回ワールドカップ（W杯）でジンバブエを52—8で下した。9トライを奪う猛攻だった。平尾がキャプテンを務めたチームが、日本ラグビーにW杯初勝利という貴重な結果を残した。

日本一の夜、ラグビー版「一人感想戦」

平尾がチームリーダーとして統率した神戸製鋼の日本選手権7連覇は、1989～95年のことだ。毎年1月15日に行われていた日本選手権後の夜、平尾は個人的に親しい人たちを招いて、祝勝会を催していた。

羽生は92年以降、その席の常連だった。会場は、東京・西新宿の京王プラザホテル45階にあった夜景の美しい名門バー「ポールスター」(2016年に閉店)。大学選手権優勝チームの挑戦を退けた、その日のゲームを振り返る平尾の言葉を、玉木正之や二宮清純といったジャーナリストらと一緒に聴いた。見事な解説に、羽生は毎年、舌を巻いた。

「ラグビーって、瞬間的にいろんなことが起こるものなのに、すごく幅広い視野で見ていて、さらにそれを正確に覚えているんです。自分の動きだけでなく、相手の動き、勝負の流れ、審判の笛、その日の風向きなんかも含めて。こういうプレーが何分にあって、こうだった、グラウンド上でこんなことを考えていたなどと、試合を解説してくれたんです。将棋で言うと『感想戦』ですけど、あそこまで全部の手を見通せている存在は平尾さんしかいませんから、『一人感想戦』みたいでした」

ラグビーを、詳しく明快に語る秘訣はどこにあるのか。羽生は、ちょっと拍子抜けするような説明を平尾から聞かされたのを思い出す。

「自分はすごく目がいいんだ、って。視力がいいという単純な意味に聞こえました。目がいいから遠くが見えるし、何が起こっているのかもわかると。でもね、あれはただ目がいいっていうだけじゃないですよ。それにプラスして、分析力とか視野の広さ。本質的な目のよさがあるから、全部が見えるんじゃないかなと思いました」

それにしても、膨大な棋譜と手筋を頭に入れ、盤上の指し手のすべてを対局後に再現・検証できるのが棋士であり、その頂点に立つのが羽生ではないか。平尾の「一人感想戦」に、そこまで驚いたのはなぜだろう。将棋とラグビーの性質の違いに関係があると、羽生は説く。

「将棋の盤上には、基本的に偶然性がない。おたがいに全部の情報が出ている戦いで、相手が持ち駒を何枚持っているかなどもわかる。だから、たとえば5手先までを構想すると、それが必然の手順ならば、必ずそうなるわけです。でもラグビーって、ボールを5回触ったり、動かしたりしたときにどうなっているか、わからないじゃないですか。偶然性と不確実性の中でのゲームコントロールという、すごく難しい職人芸が、平尾さんのやっていたこと。きめ細かく説明しようとすると、言語化するのが難しいと思うんです」

畑違いの勝負師に、羽生は一目も二目も置いていた。数えきれない対局を経験し、将棋

1994年1月の日本選手権は、神戸製鋼が33—19で明大を下した。平尾（倒れている2人の右側）は試合後、羽生らとの祝勝会を開く。トライを決めたウィリアムス（手前左）は、91年の三洋電機との名勝負でも大活躍した

の歴史に通じ、各界との交友関係を広げた現在の羽生から見ても、平尾は特別な才能の持ち主と思えるという。

「棋士には、平尾さんみたいなタイプは、いないです。古今東西、自分が知るかぎり、いない。プレーヤーも、マネジャーも、キャプテンもできる、器用でマルチな人。偶然性があって何が起こるかわからないラグビーで、いろんなことを楽しまれていました。そういう人が、将棋界に入ってくるかも、疑問ですね。将棋はすごく専門的で、何かに特化していかないとしかたがない側面のある世界ですから。ほかの世界を探しても、平尾さんのようにマルチにやって全部スキルが高い人って、なかなかいませんよ」

今も記憶に残るイアン・ウィリアムスの独走トライ

1990年代の羽生は、多忙なスケジュールの合間を縫い、東京・秩父宮ラグビー場にたびたび足を運んで、観客席から試合を見た。

「今はどっちのほうが押しているという程度に、ざっくりと見る感じですね。戦術的なこと、特にモールか何かの密集の中で起きていることなんか、まったくわからないですから。ただ、現場に行くと選手たちの叫び声が聞こえる。スクラムを組むときなんかも、いろいろしゃべっているじゃないですか。それを聞いているのは面白いです」

平尾の出場した神戸製鋼の試合で、今も内容をはっきり覚えているのは、出会う前の91年1月8日にテレビ観戦した三洋電機戦だ。全国社会人大会3連覇を飾った決勝。劣勢だった神戸製鋼だが、イアン・ウィリアムスが後半ロスタイムに独走して同点トライを決める。細川隆弘が勝ち越しのゴールキックを蹴り込んで、大逆転劇を完結させた。

「ウィリアムスのトライですね。最後にゴールキックを決めて、ホイッスル。将棋には結構、逆転劇が多いのですが、ラグビーでもこんなことがあるんだなと。平尾さんによると、終始押されていた中で、唯一の可能性、勝つパターンを見いだそうとしていたそうです。三洋電機が勝って当然という試合でしたけど、一縷《いちる》の望みというか、ベストを尽くしてチャンスを待つ試合運びが、素晴らしいと思いました」

相手に傾いていた流れを一変させる絶妙の一手で数々の大一番を勝ち抜き、「羽生マジック」とうたわれてきた羽生の将棋と、通じるものがある勝ち方だったのかもしれない。

名人戦を観戦した平尾誠二の感想は……

平尾が羽生の将棋を観戦したこともあった。1995年の名人戦。赤坂プリンスホテルでの森下卓八段との対局だ。将棋盤の脇に腰を下ろした平尾は、羽生の戦いを静かに見つめた。

「長い時間、見ていたんですよね。タイトル戦って、開始直後や休憩時間明けなどに、いろんな方が観戦に来られます。でも、静かで声も出せない感じなので2、3分で退席される方が多い。平尾さんは10分くらい、いました。ほかの観戦者と違うな、と思った記憶があります」

羽生が決してラグビーに詳しくないのと同じように、平尾も戦術や勝負の分岐点がわかるほどの将棋通ではない。時間をかけて、いったい何を観察したのか。平尾らとの対談を収めた羽生の著書『簡単に、単純に考える』(PHP研究所、2001年)から、この一幕を振り返った平尾の発言を引用する。

「一対一で勝負しているときに、羽生くんが何を考えているのか、目線をどこに合わせているのかに興味がありましたね。盤をぐっとにらんで読みを進めて、次に首を傾けてまた読みを深めている。それを見て、ああ、別の角度から状況の検討をしているなと思った。意外だったのは、対局している二人が実にマイペースで、お茶を飲んだり部屋を出ていったり……。もっと火花が散るような激しい緊張感の中で戦っているのかと思っていました」

羽生は今、こう話す。

1995年、東京・赤坂プリンスホテルで行われた将棋の名人戦。羽生善治（左）と森下卓の勝負を、平尾（右端）が間近で観戦した

「名人戦は持ち時間が9時間ずつと、かなり長丁場の対局です。『マックスの集中を続けるのは難しいので、ある程度のテンションは保ちつつ、それが長く持続できるような感じでやっているんです』というようなことを、答えた覚えがあります。平尾さんは『将棋を詳しくはわからないけれども、なんとなくこんな感じの流れではなかったですか』みたいなことも、おっしゃいました。それがすごく正確で、的を射ているんです。状況を見る点では、ラグビーも同じ。さすがでした」

与えれば与えられるという言葉は、羽生と平尾の間柄にも、そのまま当てはまりそうだ。2人は2000年代の初めまで、たびたび酒を酌み交わし、雑誌や書籍などでの対談も重ねた。

データと感覚、そして独創性

平成時代は、将棋もラグビーも、データの活用が大いに進んだ。

公式戦の棋譜は1995年頃からデータベース化され、棋士がパソコンで検索できるようになった。羽生はパソコンを駆使した研究の先駆者で、過去のデータを自身の将棋に生かしてきた。平尾は97年に日本代表監督に就くと、「テクニカル部門」を新設し、ビデオ分析で相手の攻撃パターンを割り出した。

ところが、2人は対談などのたび、データを合理的に分類・整理する分析力には限界があるとの意見で一致した。そして、難局を打開するには「直感力」や「洞察力」を養うことが不可欠だと、口をそろえた。羽生は今、こう説明する。

「データは大事ですが、すべてではありません。データはあくまで過去のことで、実際にやっている対局や試合は、はじめて出会う場面です。事前に考えたことよりも、そのときの雰囲気、流れ、自分自身が感じとったものを、大切にするべき。その場に応じた瞬間的な対応のほうが、データよりも比重が大きいんです。そこに対局や試合の面白さ、難しさがあり、将棋とラグビーの共通点なのかなと思いますね」

データに頼りきることなく、研ぎ澄まされた感性と瞬時の判断で局面を打開していく。その能力を磨いた先に、勝負師たちの個性が表れる。

「平尾さんは、ただ普通にラグビーをやって勝てばいいということではなく、アイデアや独創性を、すごく大切にしていた。団体競技なので、一人ひとりの個性をいかに生かすかという点も、よく考えていた。言葉に普遍性があって、組織やチームをまとめるうえでの発言は、色あせない。さらに、勝負の世界でやっていくうえで、自分の信念を貫くこととまわりに協調することとの、微妙なさじ加減みたいなものも、バランスがいいなと思った。

自分にない考え方とか発想があったので、すごく刺激を受けた」

「私には、平尾さんほど強い思いがあったわけではない。だけど、自分なりにいろんなことをやってみようとは思っていた。将棋には、400年の長い歴史の中で作り上げられてきた『定跡』というセオリーがある。それはそれでいいけれども、このやり方が『本筋』だというのも、ちょっと違うんじゃないか。ルール上、指せる手はいっぱいある。王道とか本筋っていわれている以外のものにも、じつは優れたものや、まだ発見されていないものがたくさん潜んでいるんじゃないかなと」

個性や独創的なアイデアを大切にして、将棋とラグビーを変革していく志。そこにおいて2人は通じ合い、響き合った。

令和元年のワールドカップ

平尾が率いる神戸製鋼の日本選手権7連覇は、元号が昭和から平成に変わった直後に始まった偉業だった。指導者や神戸製鋼のゼネラルマネジャー、日本協会理事といった立場でも、平尾は最後までラグビーに尽くした。一方の羽生は平成元年に初タイトルとなる竜王を獲得してから、じつに99期という史上最多のタイトル数を積み上げてきた。

平尾との思い出を語る羽生（左、2019年４月）と、日本選手権初優勝のトロフィーを抱えて破顔一笑の平尾（1989年１月）

2人が輝いた平成は2019年4月で終わり、令和元年の日本ではラグビーのW杯が開催された。躍進を遂げた日本代表からは、姫野和樹（25）、稲垣啓太（29）ら、平成生まれのスター選手が誕生した。将棋界でも、藤井聡太七段（17）や豊島将之竜王（29）らが輝きを放っている。

「どんどん新しい才能が出てくるのは、ラグビーも将棋も同じ。私は明治生まれから大正、昭和、平成生まれの棋士まで、ひと通り対戦しているんです。令和生まれとは、どうかな。あと十数年、かかるかな」

平尾は令和生まれとの遭遇を果たせなかった。羽生はおそらく、大ベテランとして相まみえることになる。かつて平尾と築いたような「与えれば与えられる」関係を、孫のような世代の才能との間にも育み、羽生善治という棋士像をさらに更新していくのではないか。

羽生善治（はぶ・よしはる）
1970年9月27日生まれ。小学2年から八王子将棋クラブに通い、6年で奨励会に入会。中学3年で四段。1989年、当時史上最年少の19歳で初タイトルとなる竜王を獲得。96年、王将を奪取し、史上初の七冠を達成。2017年には竜王通算7期を達成し、前人未到の永世七冠となる。18年、大山康晴十五世名人に続いて2人目となる通算1400勝に到達。同年に将棋界でははじめて国民栄誉賞を授与された。七大タイトル通算99期、一般棋戦45回優勝、通算勝利数はいずれも最多。18年の竜王戦で敗れ、27年ぶりで無冠になった。現在は九段を名乗る。

データの先にある勝負師の勘——羽生善治と平尾誠二

平尾さんと羽生さんが将棋を指したら？　もちろん、羽生さんが圧倒するだろうが、羽生さんは平尾さんの指し手から何かを感じとり、平尾さんもまた、羽生さんから何かを得ただろう。その一局の感想戦を聞くだけで、面白い原稿が書けそうだ。

データとの向き合い方が2人に共通していた。昨年のワールドカップでは、タックル数やボールを保持している時間など、細かなデータが公表された。メジャーリーグなどではビッグデータを活用し、戦法を決める取り組みが行われている。将棋にしても棋譜はすぐに公になる。感性に従うだけで相手と対峙するのは難しくなってきているが、それでも戦いに「勘」は不可欠だ。データに従えば、タッチに蹴り出し、ラインアウトからモールで攻めるのが有利だとしても、瞬時の判断でキックパスからトライ——なんてほうが、戦いを見る者をわくわくさせてくれるからだ。

将棋とラグビーの素敵な共通点も教えていただいた。「対局が終わったら、将棋の駒は敵も味方もなく一つの駒箱にしまわれてゆく。ノーサイドの世界ですよ」。羽生さんならでは、と感じ入った言葉の一つである。

今回の連載で、羽生さんからいったん取材を断るという連絡を受けた。日本将棋連盟を通じて「私よりほかに適任な方がいらっしゃるように思います」というメッセージが付いていた。2000年代の前半以降、東京と神戸を足場にしている2人は、ほとんど会う機会がないままだったので、遠慮があったのではないかと想像できる。結局、羽生さんを10代の頃から撮影している岡村啓嗣さん（本書の第3章に登場）のサポートを得て、取材を受けてもらえた。

2019年4月、大阪での対局の翌朝、読売新聞の大阪本社にお越しいただいた。羽生さんは小雨が降り、花冷えのする朝、トレンチコート姿で現れた。

駒の動き方くらいしか将棋を知らない取材者2人は、質問の構成で頭がいっぱいになり、お茶も出さずに1時間のインタビューを終えてしまった。あのときは大変失礼いたしました。羽生さん、お許しください。

8　失敗プロジェクトと銀のレガシー

平尾プロジェクト1期生・元クボタスピアーズ副将　高橋銀太郎（36）

新潟から一人で新幹線に乗って上京した12歳の少年は、集合時刻の2時間も前に、秩父宮ラグビー場に着いた。隣接する日本ラグビー協会の事務所に行き、職員に頼んで入り口の扉を開けてもらって、憧れのグラウンドに足を踏み入れた。1996年10月13日に行われた「平尾プロジェクト」の選考会。新潟・亀田町立亀田中の1年生だった高橋銀太郎は、最年少の参加者だった。

「ラグビー雑誌で、平尾プロジェクトがあるという記事を読んだのは、選考会の前の年、小学6年生の頃でした。選考会場の秩父宮は、日本ラグビーの聖地。それまでに試合を見に行ったことは何度かあったけど、グラウンドに立ったことはありませんでした。秩父宮に入ってみたいという一心で、父に『応募してもいいかな』と聞いてみました。ラグビー好きで平尾さんのファンだった父は『おう、やってみろよ』と。それで応募してみたんです」

平尾プロジェクト――。

ミスターラグビーと呼ばれた平尾誠二が、選手生活の終わり頃、兼務していた日本代表強化委員という立場で発足させた育成事業だ。選考会前年のワールドカップ（W杯）での大敗をふまえ、長身や俊足など一芸に秀でた21歳以下の無名選手を発掘し、将来の日本代表に育てることが目的だった。第1回の選考会には80人が応募し、高橋ら44人が書類選考を通過。実技試験には、自衛官やソフトボール選手らラグビー未経験者を含む31人が参加した。

実技試験には当然、責任者たる平尾が登場。芝生の上に座った参加者たちに、プロジェクトの趣旨や試験の内容を説明した。スターの雰囲気に圧倒され、まわりの参加者たちが身を硬くして話を聞く中、高橋は少年らしい行為に及ぶ。

「芝生をちぎって、ポケットに入れたんです。平尾さんが話している間、こっそりと、見つからないように。合格する自信なんてまったくありませんでしたから、僕がここへ来る機会はもう二度とないだろうと思ったんですね。高校野球で、球児たちが甲子園の土を持って帰るような感覚じゃないでしょうか。意外にも、秩父宮にはその後何度も戻ってくることになりましたし、そもそも芝生をむしるのはよくないですけどね」

秩父宮ラグビー場での平尾プロジェクト第1回講習会で。12歳の最年少で参加した高橋銀太郎は、憧れの平尾誠二から指導を受けた

飛距離不足、帳消しのひと言「10年後の僕を見て」

選考会の実技試験は、キッカー、ジャンパー、スプリンターに分けて実施された。高橋はキッカーで受験。プレースキックは、ハーフウェーライン上、中央の位置にボールを置いて、ゴールめがけて蹴るよう指示された。

「雲の上の存在だった平尾さんが、真横に立って見ているんです。当時はキックティーではなく、地面に砂を盛ってボールをセットしていました。すごく緊張して、蹴るまでに時間がかかってしまった。協会の人か誰かが、事前にボールをセットしておいてくれたらいいのに、と思いましたね」

合格基準は「飛距離50メートル以上」と設定されていた。

12歳の少年には、かなり高いハードルだ。しかも高橋は、小学3年からラグビースクールに通ったものの、中学にはラグビー部がなかったため、サッカー部員になっていた。受験時に地元で楕円球を扱う機会といえば、父がプレーしていた「新潟不惑」というおじさんたちがラグビーを楽しむチームの練習に加えてもらう程度。当時の新潟には、中学生が日常的にラグビーをプレーできる環境が、ほとんどなかった。

「30メートルくらいしか飛びませんでした。でも、平尾さんから『すごくきれいなフォームで、まっすぐ飛んだな』って言ってもらいました」

そんな実技試験が終わると、個人面談があった。平尾と、はじめて一対一で言葉を交わした。

「緊張して、ほとんどしゃべれませんでした。ただ、応募者の中で一番幼かった僕に、平尾さんが『よく来てくれたな。こんなの大して緊張するところじゃないよ』と言ってくれたのは、覚えています。集合の2時間前に着いたことも『どれだけやる気なんだよ』と、いじられました」

「和《なご》ませてもらったおかげで、僕はひと言だけ、平尾さんに伝えることができました。『10年後の僕を見てください』。ラグビーができない環境にいる自分には、現在ではなく、未来をアピールするしかないだろうと考えたんです。のちに『銀ちゃん、あの言葉はよかったぞ』って、平尾さんにも言ってもらえました」

しっかりしたアピールと意気込みで、キックの飛距離不足を吹き飛ばした。しばらくして、新潟の高橋家に、平尾プロジェクト1期生の「特別枠」での合格通知が届く。「本当にウチの息子が合格しちゃったのか」と、両親は驚きを通り越して笑い出した。

秩父宮でむしった芝、合格通知、亡き父が熱心に集めてくれていた当時の新聞や雑誌の切り抜き。思い出の品々を、高橋は青いファイルケースにまとめて、今も大切に保管している。

グーステップ in 菅平

1期生を集めた講習会は、実技試験の約1か月後に始まった。高橋以外の合格者は、身長2メートルを超える大学生ら5人。その後しばらく、講習会は2、3か月に1度ほどのペースで実施された。

平尾から直接教わることもあれば、日本代表や高校日本代表などの合宿に特別参加して練習を見学したうえで、そのチームの指導者から教わることもあった。次の講習会までにやるべき練習メニューを渡されたことはない。集まったときに習ったことを持ち帰って、それぞれが自由に自分を磨けばいい、という指導スタイルだった。

平尾に受けた技術指導で、高橋が今も覚えている場面がある。グーステップだ。1991年の第2回ワールドカップ（W杯）で優勝したオーストラリア代表の名選手デビッド・キャンピージが得意とした、足を振り上げて相手を幻惑するステップである。1997年7月、長野県の菅平高原。約半年前に日本代表の監督に就任していた平尾は、ジャパンの代表候補合宿にプロジェクト生を呼び寄せ、チーム練習が終わったあとのグラウンドに集合させた。

「グーステップやるぞって、グラウンドの端っこで手本を見せてくれました。平尾さんがやると、格好いい。まず、たたずまいが格好いい。動くと、それがまた格好いい。ちょっとまねできねえなって思いながら、見ていましたね。ほかの受講生も、ボーッと見とれていました。平尾さんは『そんなに見るなよ』みたいな感じで、なんか恥ずかしそうでしたけど」

「平尾さんが教えてくれるのは、基礎的なことではなく、面白いプレーや楽しいと思えることばかりでした。世界のトップ選手がやるステップを踏めるようになったら、楽しいって思うじゃないですか。グーステップは、芝生の上にコーンを置いて『右足で踏んだら、振り上げて、下ろす位置は――』というふうに教わりました。ただ、僕にはできませんでしたね。大人になって、やってみたことがあったんですけど、あとでビデオを見たら、全然使えていませんでした……」

この菅平合宿では、当時の日本代表選手たちに、何かと面倒をみてもらった楽しい思い出もある。特に当時25歳でバックスの中心選手だった元木《もとき》由記雄《ゆきお》は、キックやパスの基本技術をグラウンドで手取り足取り指導するばかりか、夜になると「銀ちゃん、行こうか。うまいもの食わせてやるよ」と、宿舎から連れ出してくれた。元木や増保《ますほ》輝則《てるのり》ら、平尾ジャパンの主力メンバーたちが一杯酌み交わしてラグビーを語り合うかたわらで、高橋少年は話に耳をそばだてつつ、ジュースを飲んでモリモリ食べた。

「ラグビー選手はラグビーだけやればいい」ではダメ

合宿参加や講習会のほか、高橋は学期末になると、平尾の面談も受けていた。

「学校の通知表を平尾さんに見せて、話をするんです。体育は一番上の評価だったので、それは褒められました。勉強のことを厳しく注意されるわけでは、全然ないんですけれども『数学とかの勉強も面白いぞ。やっておけば、いろんなことに通じるよ』という話は、してもらいました。僕としては、お父さんと話しているような感覚でした」

ラグビー選手はラグビーだけやっていればいい、という考えを、平尾は持たせたくなかったのだろう。面談や講習会で平尾と話す機会があると、高橋は何度となく「いろんなことをやりなさい」と言い聞かされた。とりわけ深く胸に刻まれたのは、地元の新潟に中学生がラグビーをする環境がまったくないことを嘆いたときの返答だ。

「平尾さんは『いいじゃないか。いろんなことができる。ラグビーができない環境だからこそ、できることがあるだろう』と、言ってくれたんです。『みんながラグビーに夢中なときに、お前はバスケだとかサッカーだとかいろんなスポーツをやれる。それでラグビーに戻ってきたときには、お前のほうがいっぱい経験を持っているんだぞ』って。僕には、ラグビーをやっている子たちに後れをとっているというマイナスイメージがあったんです。それを全部、プラスにひっくり返されちゃいました。すごい人だな、と思いましたね」

付け加えると、京都生まれで神戸に暮らす関西人は、金言を授けただけでは決して、会話を終えようとしなかった。

「まじめに『いろんなことをやってみろ』という話をしたあとで、『恋愛もな』みたいに、ちょっと笑わせるオチをひと言つけるんです。『それはダメなんじゃないですか、平尾さん』みたいな感じで終わる会話ばっかりでしたね」

何の通知もなく自然消滅したプロジェクト

日本ラグビー協会に保管されている平尾プロジェクトの事業報告書によると、選考会は1997年7月にも行われ、第2期生として7人の中高生が合格した。プロジェクト生は計13人に増えた。96、97年度には講習会や代表合宿派遣といった指導が計12回、実施されている。

だが、1998年1月の大学選手権と社会人選手権の準決勝観戦を最後に、記録はプッリと途絶えてしまう。97年度限りで事業は終了したのか、それとも中断したのか。13人は平尾プロジェクトを「修了した」といっていいのか。そして98年度は、どうして指導を行わないのか。そうした記述が、事業報告書には見当たらない。

高橋は振り返る。

「中学3年の頃（98年度）には、プロジェクトは自然消滅していました。終わったという知らせもないまま、『終わったんじゃないかな』みたいな感じで、誰に聞いてもわかりません。プロジェクトの責任者の一人だった先生に聞いても、『途中でなぁ』とかなんとか、言葉を濁すんです」

活動内容も、ただ現場に送り込まれるだけで満足な指導を受けられない合宿派遣や観戦が、回を重ねるごとに多くなったとも感じていた。プロジェクト生の一人として、こんな思いを抱いている。

「もっと、日本協会に、ちゃんとやってほしかったですね。平尾プロジェクトが何を目的にしてやっていたのか、僕にはあまり意図がわからなかった。日本代表を育成するのが目的だったのなら、そこまでのプロセスを作ってほしかったと、すごく思います。大きな声では言えませんが……、やっぱり失敗だったんじゃないですかね」

講習会で平尾を中心に、横一列に並んだ平尾プロジェクト１期生の６人

「これから実力をつけて、名前に追いつけばいい」

プロジェクトは消滅しても、平尾と高橋の交流は続いた。

高橋は中学卒業後、新潟を飛び出して群馬の強豪・東農大二高に進み、本格的にラグビーを始める。入学すると、「平尾誠二に見込まれた逸材」という周囲の視線にさらされた。まだ自分がどんなタイプの選手なのかも見当がつかないうちに、先輩から「メチャクチャうまいんだろうな」という目で見られた。そのプレッシャーは大きかった。

「その悩みも、平尾さんに打ち明けたことがあります。『それでいいじゃん、別に。名前が売れているんだから。これから実力をつけて、名前に追いつけばいい』って。すごくポジティブに励ましてくれました」

高校時代は、主にスタンドオフとフルバックという二つのポジションでプレー。左腕を3度骨折して落ち込んだ時期も過ごしたものの、大阪・花園ラグビー場で年末年始に行われる全国高校選手権に2大会出場することができた。花園での最高成績はベスト16だったが、埼玉県で開催される春の全国選抜大会では3年時に8強まで勝ち進んでいる。高校時代は、ラグビー選手としての節目を迎えるたび、平尾に電話で報告していた。

ボールを持って、力強く走る東農大二高時代の高橋

選手生命のピンチによみがえる師の教え

進学した早稲田大1年生のとき、高橋に選手生命の危機が訪れた。19歳以下（U19）日本代表のセレクション合宿で負った、左すねの開放骨折だ。骨の洗浄の手術、骨を外から固める手術、中から固める手術と、次から次へと計7度もの手術を受けた。「ここまで足をぐちゃぐちゃにされたら、もうラグビーはできないだろうな」と、絶望感に襲われた。

どうにか気持ちをつなぎとめてリハビリに耐え、大学2年生の秋頃から、練習に復帰できた。だが、以前のような走りのスピードが戻らない。そのうえ、強豪・早大には、高橋が狙うポジションに強力なライバルがいた。スタンドオフには啓光学園（現・常翔啓光学園）時代にチームを高校日本一に導いた曽我部佳憲。フルバックにはのちに日本代表としてW杯で大活躍する五郎丸歩。試合に出場する自分の姿を、なかなか思い描けない状況だった。

悶々とする高橋の脳裏によみがえってきたのは、平尾の教えだ。いろんなことをやりなさい――。改めて心のよりどころとしてプレーするうち、少しずつ活路が見えてきた。

「いろんなポジションをやろうという気持ちが芽生えました。スクラムハーフ以外、バックスの全ポジションをやりました。誰が抜けても入れる位置にいて、チームに絡んでいこうとしたんです。自分のスピードが戻らないぶん、仲間を生かすプレーに目覚めることもできました」

献身性とさまざまなポジションをこなせる強みは、早大のカリスマ監督・清宮克幸にも認められた。4年生のシーズンは途中出場などでほとんどの公式戦に出場し、大学選手権優勝に貢献できた。

「1年生でけがをしたときは、平尾さんに合わせる顔がない気がして、連絡できませんでした。このまま、ラグビーからフェードアウトしていこうかなとも思っていたんです。でも、4年生で早大の試合に出始めた頃、平尾さんとラグビー場で顔を合わせ、話す機会があって『よく戻ってきたな。ラグビー、やめていなかったんだな』と言われました。僕からはお知らせしなかったのに、骨折したことを知っていて、そっと気にかけてくれていたんです。すごくうれしかったですね」

早大を2006年に卒業後は、トップリーグのクボタスピアーズで活躍した。12〜15年には副将を務めるなど、ここでも多くのポジションをこなせる長所を生かしてチームを支えた。

平尾がゼネラルマネジャー（GM）などを務めていた強豪・神戸製鋼とも、たびたび対戦した。一泡吹かせて恩返し、という場面はなかなか作れなかったものの、試合会場で顔を合わせるたびに、いつも明るい笑顔で接してもらった。

『銀ちゃんも、もう社会人か』『クボタに入ったな。敵だな』って、お会いするたびに、平尾さんから言われましたね。『調子どうだ』とか『けがしてないか』と、気にかけてもいただきました。プレーについてのアドバイス？　いや、それはありませんでしたよ。『敵』なんで」

「僕にきっかけを与えてくれたのは、プロジェクトでの平尾さんとの出会いです。それがなかったら、そのまま新潟にいたかもわからない。僕の視野を広げてくれた恩師。おかげさまで、２０１６年に引退するまで、けがのどん底も優勝の喜びも知っている、いいラグビー人生を送ることができました」

歯科医、議員、カメラマン……輝ける人材の宝庫

将来の日本代表育成を目的に掲げていた平尾プロジェクトだが、代表までたどり着いた選手は、高橋を含めて一人もいない。ただ、さまざまな分野で活躍する人材を輩出している。

ラグビーの分析担当、歯科医師、元アナウンサーの東京都議会議員、ＮＨＫ・大河ドラ

マのカメラマン……。ひょっとすると平尾は、ラグビーで力を発揮できそうな選手を選んだのではなく、各界で活躍できるユニークな人材を見抜いて合格させ、ラグビー体験を通じて彼らの人間性を磨こうとしていたのではないか、などとも想像したくなってしまう。

高橋は、こう言う。

「スポーツ界にはいろんな才能を持った人材がいて、その人たちを集めればチームとして成り立たせることができると、教えてもらった気がします。ラグビーしかできないのではなくて、バランスのいい人間、いろんな才能を持った人間は、いい人材として活躍していくというイメージです。(人選そのものが)枠にとらわれないで何でもやれという、平尾さんのメッセージだったのかな」

高橋は引退後もクボタの社員として、東京・京橋のオフィスで働いている。現在の部署では、ポンプやバルブなど、水にかかわる製品を途上国に普及させる事業を担当。平尾に授かったポジティブな精神は、高橋に根づき、ビジネスマンとしての力も生んでいる。

「入社して10年間ラグビーをやってきたので、なかなか仕事が追いつかない。ビジネスの経験が少ないのが、弱みだと思っています。でも、10年間やれなかったぶん、新しい見方ができるとか、柔軟な発想でいろんなことに取り組めるとか、前向きにもとらえられます。弱みは決してマイナスではなくて、プラスにもなる。これは、平尾さんから教えてもらったことです」

一芸に秀でた人材を集めた平尾プロジェクトの根本には「弱みの克服よりも強みを生かせ」という思想があったが、それに通じることを高橋は、平尾以外に影響を受けた指導者からも教わってきた。早大時代の清宮監督。クボタでは元豪州代表のナンバー8、トウタイ・ケフだ。

「清宮さんは『弱みなんてどうでもいい。ラグビーは15人もいるんだから、誰かがカバーすればいいだろ』。ケフからも『タックルの弱みを克服する時間があったら、キックや司令塔としてのプレーなど、強みを伸ばしてチームのためになれ』と言われました」

最近は、仕事で訪れるミャンマーや故郷の新潟で、子どもたちにラグビーを教える機会もしばしば。そんなとき、高橋は平尾たち恩師の言葉を継承している。

「ポジティブにとらえようよ、と言っています。いろんなことをやりなさい、とも。日本は弱みを克服する文化で、100点の能力と20点の能力があったら、20点のほうを上げる努力をしようとする思考じゃないですか。でも僕は、100点のほうを伸ばしたらいいよと、子どもたちに伝えています」

平尾プロジェクト自体は、目的を果たせずに終わった。しかし、偶然かもしれないが、レガシー（遺産）として多様な人材を世に送り出した実績は認められていい。高橋のように、

クボタ東京本社でインタビューに答える高橋

平尾から授かった思想を次世代に受け継ぐ受講生も育んだ。他競技から人材を集める手法は現在、女子7人制ラグビーを始め、さまざまな競技で活用され、定着してきた。プロジェクトで平尾が目指したことは、時代の先を行きすぎていたのかもしれない。

高橋銀太郎（たかはし・ぎんたろう）
1984年2月3日生まれ。新潟・亀田小3年でラグビーを始める。亀田中1年で平尾プロジェクト1期生に合格。群馬・東農大二高を経て早稲田大へ。4年で全国大学選手権優勝、続く日本選手権ではトヨタ自動車を破って4強入り。2006年、クボタ入社。バックスの全ポジションをこなす万能型の選手として活躍し、12〜15年は副将を務めた。16年に現役引退。身長体重は、平尾プロジェクト合格時が1メートル50、45キロで、クボタ時代が1メートル74、82キロ。現在は環境海外推進部営業グループ担当課長。1男1女の父。W杯イヤーだった2019年は、開幕前に大ヒットしたテレビドラマ『ノーサイド・ゲーム』（TBS）に選手の役で出演。大会中は読売新聞オンラインの速報解説者として日本戦2試合を担当し、ラグビー人気の盛り上げに力を注いだ。

未来を託された男、託した男——高橋銀太郎と平尾誠二

W杯日本大会の盛り上げに一役買ったテレビドラマ『ノーサイド・ゲーム』に出演、ドラマでも本名の「銀太郎」と呼ばれていた。その名は、銀河系のように広く、太陽のように熱い心を持つ日本男児に育つようにと付けてもらったそうだ。現役時代は熱い心でけがに打ち克ち、現在はビジネスマンとして広いフィールドで活躍している。

平尾プロジェクトは失敗に終わったが、日本ラグビー協会は現在、「TID（Talent IDentification）キャンプ」という名で、平尾プロジェクトの改良型合宿を各地で実施している。主に高校生年代の「原石」を集め、国際舞台で戦える選手に育てることを目的に、発掘を進めている。トップリーグや日本代表で活躍した選手たちが指導し、食事やドーピングについての講義などもある充実した内容だ。平尾さんがイメージしていた育成方法がようやく緒に就いた。

平尾さんに「10年後の僕を見て」とアピールした高橋さんと、「10年後の君を見たい」と平尾さんに持ちかけて密着撮影を始めた岡村啓嗣さんは、ワールドカップイヤーが暮れ

る昨年12月、はじめて顔を合わせ、楽しい酒を酌み交わした。平尾さんがどこかで糸を引き、企画したような忘年会になった。

9　助手席のミスターラグビー

元神戸製鋼スタンドオフ・日本ラグビー協会広報部長　藪木宏之(54)

神戸製鋼の神戸製鉄所経理部で、社内電話が鳴った。1988年11月22日、火曜日。受話器をとった藪木宏之は、平尾誠二に、こう言われた。「今日、早くグラウンドに来られるか」

上司の許可を得て仕事を早めに切り上げると、午後4時半頃には神戸市の埋め立て地にある灘浜グラウンドに着いた。22歳のラグビー部ルーキーだった藪木は、クラブハウスの2階にあった幹部部屋に、おずおずと足を踏み入れた。すると、待ち構えていた25歳の平尾主将から「着替えてグラウンドに出よか」と誘われた。

グラウンドでは「タッチキックを蹴れ」と指示された。2人きりのラグビー場に、楕円球の弾む音だけが響いた。

「平尾さんがパスをして、私が蹴る。それを10分くらい繰り返したら、『俺とあんまり変わらんな。わかった、エエわ』って、それだけ。どういう理由でキックをやったのかも、何が『俺と変わらない』のかも、わからない。何の説明もないから。でも、そこがあの人らしい。いつも突然なんです。何かをやるとき、平尾さんの頭の中には、もう構想があるんですけど、表には出さない。あとになってから、いろんなことがわかるんです」

藪木は、スクラムハーフとして山口県の大津高3年で全国大会4強入り。明治大に進んだが、同じポジションに同年代のライバルが多数集まっていて、大学4年間の公式戦出場はわずか2試合にとどまった。神戸製鋼でもベテランの萩本光威《はぎもとみつたけ》がレギュラーの座をがっちり握っており、その年のシーズン序盤は控え選手だった。

2人きりのキック練習のあと、全体練習があった。週末に試合がある場合、火曜日はメンバー発表の日で、藪木はそれまでの試合と同様、萩本の控えとして名前を呼ばれた。

主将・平尾の意見でスタンドオフ転向

キック練習の意味は、1週間後に明らかになった。

関西社会人リーグの大一番、トヨタ自動車戦を控えた火曜日。また同じように平尾からの電話が来た。「今日も、早く来られるか」。クラブハウスの2階に上がると、今度は突然の通告を受けた。「今週のトヨタ戦、お前が10番で出ろ」

日本ラグビー協会には、1989年に日本代表がスコットランド代表を破った後で胴上げされる平尾誠二の写真が飾ってある。その前で、思い出を語る藪木宏之

当時の神戸製鋼は、監督やヘッドコーチといった指導者がグラウンド外にはおらず、主将を中心に選手がチームを運営する体制だった。選手起用については、主将の平尾の意見がほぼ通った。

背番号9のスクラムハーフと背番号10のスタンドオフは「ハーフ団」と呼ばれ、ゲームメイクの中心となる。ただ、試合での役割は大きく異なる。藪木は高校、大学、そして入社後も、9番一筋だった。スタンドオフが担う大切な役割の一つに、陣地を挽回するタッチキックがあり、その能力を平尾は1週間前に試したのだった。藪木は大事な試合で、それまで平尾が背負っていた10番のジャージーを着ることになった。

「驚きましたけど、喜びが大きかったです。ポジションが変わることよりも、素晴らしいプレーヤーがたくさんいる神戸製鋼で、試合に出られる喜びのほうが。大学でも、私はほとんど試合に出ていなかったですから」

背番号12のセンターに回った平尾からは、こんなアドバイスを受けた。「好きにやれ。前が空いていたら走ったらいいし、パスしたいと思ったらパスしてこい。あとは俺がなんとかする」。ごくシンプルな頼もしい言葉で、藪木の緊張感を吹き飛ばしてくれた。

「実際にスタンドオフの位置に立って感じたのは『ラグビー場がこんなに広く、よく見えるんだ』ということ。フォワードのまわりしか見ないスクラムハーフとは、見える景色が

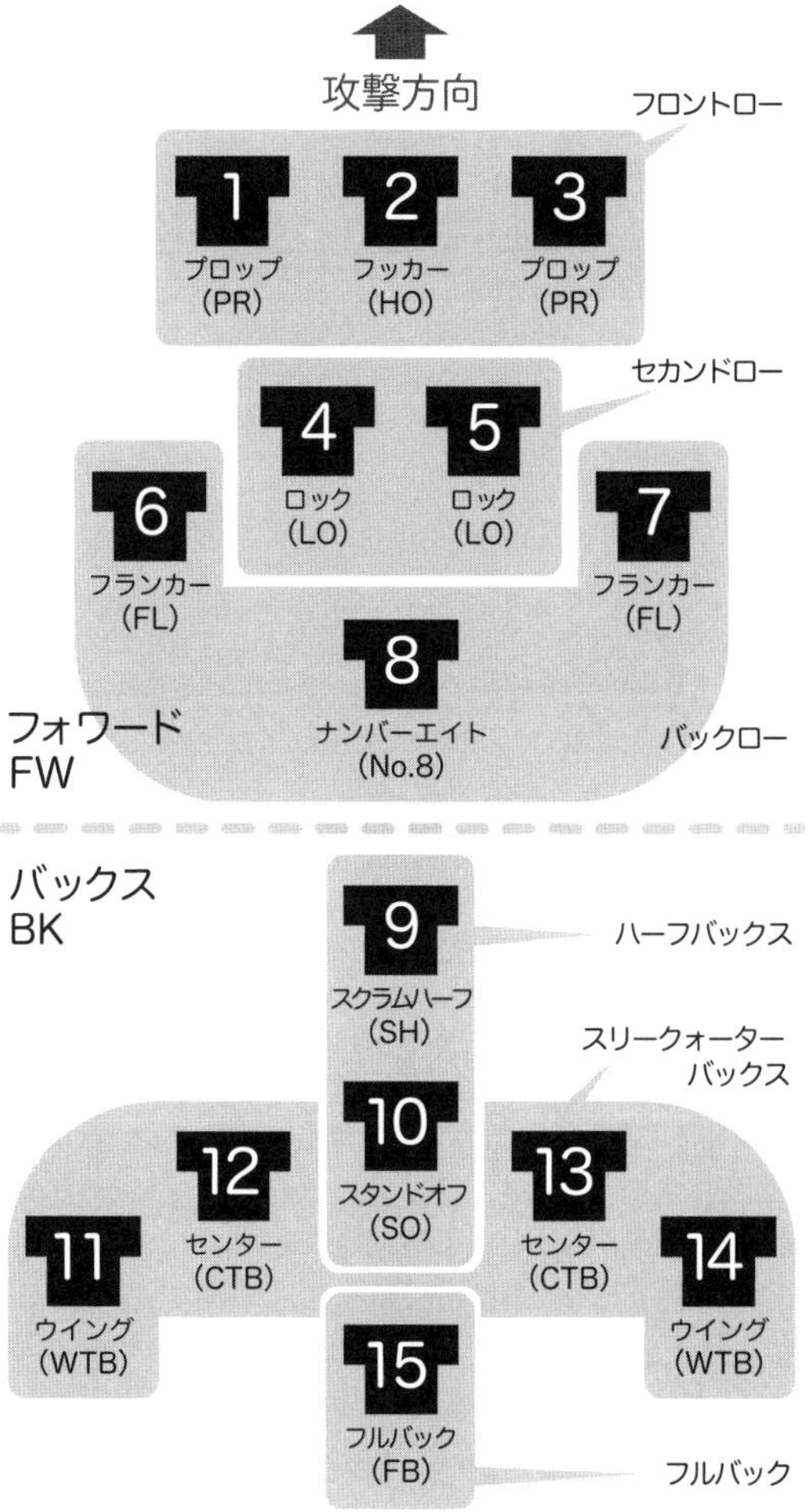

ラグビーのポジション図。野球やサッカーと違い、背番号の割り当ては選手ごとではなく、各ポジションに番号が決まっている

まったく違いました。これだけ広いフィールドを自由に走っていいんだったら、やれるんじゃないかという気になりましたね」

テストされたタッチキックをほとんど使わず、80分間伸び伸びと走り回った10番・藪木。43―18の快勝でデビュー戦を飾ると、その後も出場機会を得た。チームは関西社会人リーグを2位で終え、初優勝を目指す全国社会人大会に駒を進めた。

偉業の幕開け、語られなかった転向理由

このシーズンから主将に就いた平尾は、関西社会人リーグで、フォワードの中心選手だった大八木淳史や大西一平を、それまでと違うポジションで起用し、試行錯誤していた。藪木の10番も、その一環だろうとみなされていた。

しかし、全国大会前のミーティングで、平尾は周囲に「今年は藪木と心中ですわ」と宣言した。

「そのときまで『ほんとに(10番が)藪木でいいんか?』という雰囲気が、チーム内にはたしかにあったんです。平尾さんのあの言葉があったから、チームメートに納得してもらえました」

1989年１月の日本選手権で、大東文化大からトライを奪う神戸製鋼の平尾

神戸製鋼は、大八木や林敏之といったフォワード陣が、行けるところまで突進を続けるパワーラグビーのチームだった。反面、その突進が止められたときの密集から、いいボールがバックスに回らないという欠点を抱えていた。ところが、フォワードとバックスをつなぐ10番のレギュラーが、名手・平尾から未経験者同然だった藪木へ代わったときから戦いぶりが一変した。

「フォワードの先輩方が、突っ込みすぎずに『腹八分』みたいなところでとどめ、藪木にいいボールを出してやろうとしてくれました。スクラムハーフの萩本さんも、捕りやすいパスを放ってくれました。いわば『素人の藪木』が、チームにシナジー（相乗効果）をもたらし、一体感が生まれたんです。これが、平尾さんの考えには、最初からあったんじゃないですかね」

藪木も、先輩たちの心遣いに、プレーで応えた。持ち前のスピードを生かし、自由自在に駆け回ってボールをつなぎ、神鋼に新風を吹き込んだ。

「萩本さんからは『お前のスタンドオフ、どこにいるのかわからへんのが、おもろいわ。それと、藪木―平尾の並びだとラインスピードが上がる。メチャメチャ速い』と言われました」

このシーズン、神戸製鋼は全国社会人大会をはじめて制し、続く日本選手権でも大東文化大を退けて初優勝する。これが、7年連続日本一という偉業の幕開けだった。

ところで、平尾はなぜ、藪木をスタンドオフに転向させたのだろう。

「ずっと理由を聞きたかったんですけど、ついに一度も説明がなかった。心構えを説かれたことも、技術的な指導を受けた覚えもない。平尾さんは高校時代、スタンドオフだったし、神戸製鋼でも私が入るまで10番でした。普通、企業でも引き継ぎとかがあるじゃないですか。でも、一切ありませんでした。だから、私は平尾さんの10番としてのプレーをまねしたこともないんですけどね」

平尾は、松岡正剛・編集工学研究所長との対談を収めた『イメージとマネージ』という著書で、藪木本人には伝えなかったポジション変更の理由を、こう説明している。「練習のときの走り方を見ているうちに、思いついたんです」。松岡から「藪木はキックがあまりうまくない選手でしょ」と水を向けられると、「ヘタと言ったほうが当たってます」とも言い放っている。

平尾にとって、2人きりのキック練習は、藪木のキック能力を試したというよりも、神鋼ラグビーからキックという攻め方を極力減らし、ボールをつなぐラグビーへと転換する決断のきっかけだったのではないだろうか。

「スペースへのパス」が生んだ伝説の逆転劇

つなぐラグビーの真骨頂を、神戸製鋼が天下に示したのが、3連覇を決めた三洋電機との全国社会人大会決勝だ。1991年1月8日、東京・秩父宮ラグビー場。社会人ラグビーの試合では史上最高の名勝負と、今なおファンに語り継がれている。

神鋼は序盤から、トンガ生まれの日本代表フォワード、シナリ・ラトウらを擁する三洋のパワーに押し込まれた。後半40分を過ぎて12―16とリードされたうえ、自陣から抜け出せないという絶望的な状況に追い込まれた。

だがここで、神鋼陣内での密集から、藪木へとボールが渡る。藪木は少し前へ走って強烈なタックルを受けつつ、隣りにいた味方選手ではなく、右サイドの誰もいない場所をめがけてパスをした。このボールが、芝生の上でワンバウンドする。

そこへ平尾が、スピードを落とさずに走り込んできた。どちらへ跳ねるか予測できないはずの楕円球が、平尾の胸にすっぽりと収まる。平尾は相手の位置を見きわめ、その手が届かないように弧を描くパスを右タッチライン際へ放った。これを捕球した快足ウイングのイアン・ウィリアムス（オーストラリア代表）が、約50メートルを突っ走る。ただ一人追いすがってきた三洋のワテソニ・ナモアを振り切り、中央まで回り込んで同点トライ。正

1991年1月の全国社会人大会決勝、神戸製鋼のウィリアムスが土壇場で決めた同点トライ。
追いすがる三洋電機のナモアをかわした

面からのゴールキックは、フルバックの細川隆弘が丁寧に決めた。18―16となり、その瞬間にノーサイド。あまりにもドラマチックな、神戸製鋼の逆転勝利だった。

ワンバウンドになったパスを、藪木はこう振り返る。

「私のミスパスです。ただ、私の右隣りにいた藤崎（泰士）さんに対して相手防御がすごい勢いで出てきていたのと、藤崎さんの向こう側にスペースがあるのは、見えていました。だから、そこに投げたんです」

「神戸製鋼は、スペースにパスをして、そこに走り込む練習ばかりしていました。見つけたスペースに球を放って、ボールがつながらなかったら、放ったプレーヤーは悪くない。走り込んできていないプレーヤーが悪いんだと。前のシーズンに指導を受けたオーストラリア人コーチから『スパイス、スパイス！』と母国なまりで連呼されたのを取り入れて、われわれはスペースに走り込む感覚を身につけていたんです」

ボールをつなぐラグビーを掲げるチームなら、展開ラグビーの伝統が根づく早稲田大学をはじめ、それまでの日本にも決して珍しくなかった。だが、捕りやすいところに投げて攻撃を続けるのではなく、人のいないスペースを突くことを掲げるラグビーは、きわめて大胆で斬新だった。

藪木―平尾―ウィリアムスとつながった、あのパス回しこそ、平尾が統率した頃の神鋼ラグビーの思想を体現した連係にほかならない。

祝勝会後の叱責「怒ってるわけちゃうで」

三洋電機戦の祝勝会を終え、東京駅へ向かうバスの中でのことだった。藪木ははじめて平尾にきつく叱られた。

「いつものように、平尾さんの前の席に座っていたら、後ろから『藪木ちょっと、ここ座れ』と声が掛かりました。横に座ったそのときまで、優勝したので褒められるのかな、と私は思っていたんです」

「ところが、『藪木、お前、今日の試合、最低やったなぁ』って、シビアな顔で始まりました。『お前が今日やっていた動きは全部、逆や。パスせなあかんとこで、キックを蹴る。蹴らなあかんところで、自分で走る。もう最低や』と言われました。あの人らしいのは、最後に『怒ってるわけちゃうで』とも言うんです。『いや、怒ってますやん』と思いましたけど」

藪木にも思い当たる点はあった。試合を通じて、たしかにプレーの調子は悪かった。たとえば、ウィリアムスのトライの直前、藪木は自陣で、相手防御の裏に短いキックを蹴っている。これに味方は追いつけず、ボールが相手の手に渡り、タッチに蹴り出されてしまった。ここでノーサイドを迎え、敗れていてもおかしくない時間帯だった。

「その前の年までだったら、たぶん蹴っていないと思います。自分で持って走っていたかもしれない。自分で自分を戒《いまし》める言い方をするなら、あれは『格好つけたキック』。あの試合は、そういうのが全部裏目に出ました」

思い起こせば、スタンドオフ転向から2年目まではトントン拍子。チームにしっかり貢献して優勝を重ね、自信をつけて臨んだ3年目だった。

「その自信が、いけなかったんでしょう。あの年は『スタンドオフ藪木』というのを、私自身が意識していたんです。キックも蹴らなくちゃいけないとか、こうしなきゃいけないっていうのが、少しずつ頭の中でできていた。それまでは『バックスの1人』という意識しかなかったんです。平尾さんも『バックスの中でラグビーのうまいやつを7人選んだうちの1人が藪木だった』と表現したことがありました。ポジションの概念がない、自由なラグビー。私もそのつもりでやっていたのに」

判断ミスを叱責された翌年、藪木は判断力を磨こうとするのではなく、まずは体を鍛え直した。体重が7~8キロ増え、持ち前の走力とスタミナに加え、瞬発力が大幅に上がった。

「体力的に弱いから、プレーの選択を間違っていた面があると思ったんです。スタンドオ

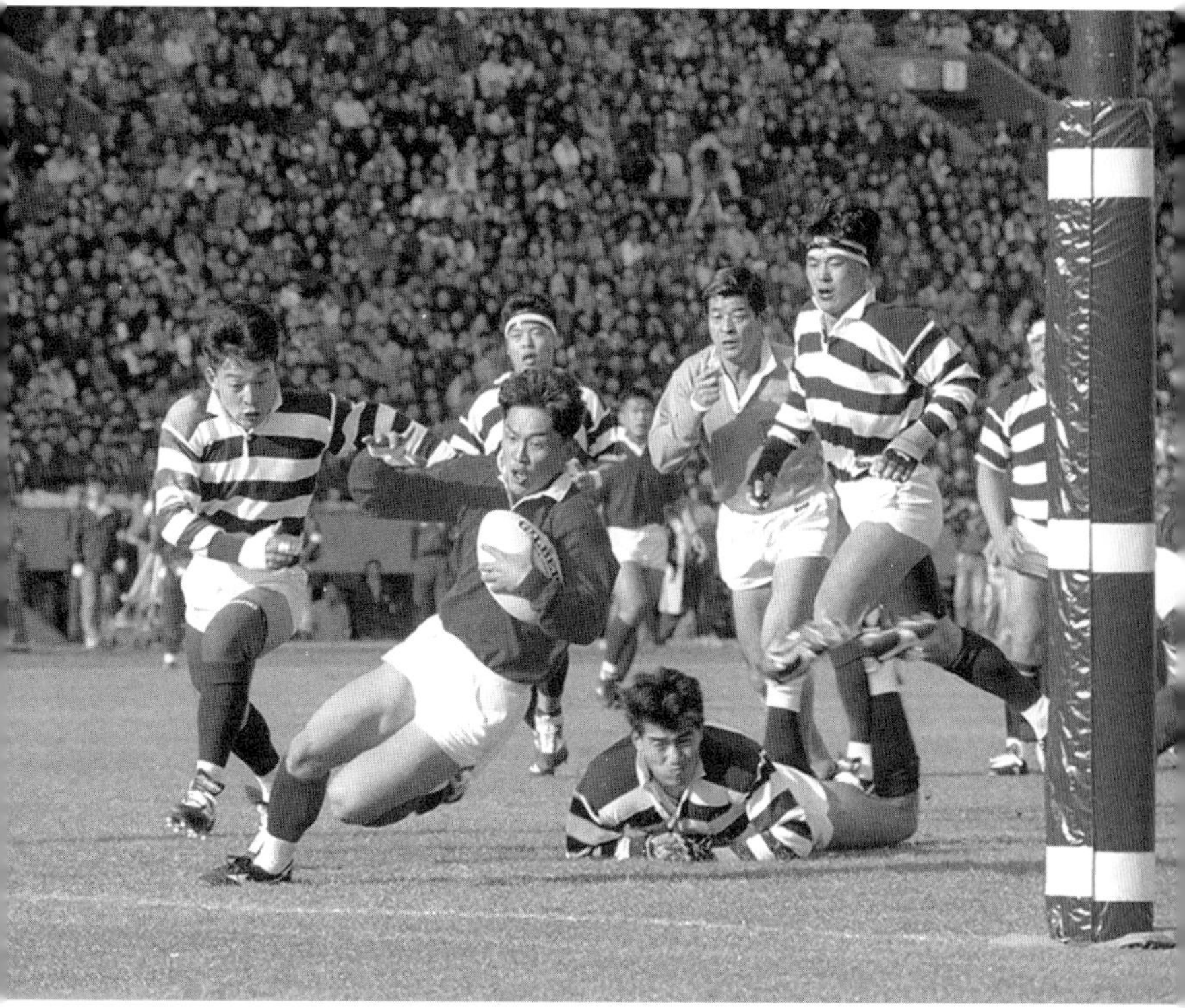

1992年１月の日本選手権、明治大から藪木がトライを奪う。この試合に勝って、神戸製鋼はＶ４を飾った

フの場合、攻撃を続けていくにつれて、自分の前に体の大きな相手フォワードが立ちはだかることが多くなる。そこを避けてパスしたりキックしたりしていたところが、自分にはあった。だから鍛えました」

弱点に直接アプローチするのではなく、弱点の原因を掘り下げたうえで、自己改革に取り組む。このあたりに、新たなポジションを与えても理由を示さず、自分で考えることを促してきた平尾流の育成方針が、藪木にしっかりと浸透していたことがうかがえる。V4を達成したこのシーズンから、藪木は全盛時を迎えた。神戸製鋼V7のほとんどの試合に出場し、中心選手として活躍した。

「創造的破壊」が生んだ神戸製鋼のV7

3連覇の翌年度、藪木は海外エンジニアリング事業部に異動し、社業でも平尾の同僚になった。それ以来、平尾はオフィスとグラウンドの往復とも、藪木が運転する車の助手席に便乗するようになった。

片道約20分間。車内ではたわいない会話がほとんどだったが、一度だけラグビーの大切な話をしたことがある。4連覇を目指していたシーズンの最中。その年に加入した日本代表の堀越正巳《まさみ》と大ベテランの萩本がポジションを争っていたスクラムハーフの起用について、平尾から意見を求められた。

「例によって、何の前触れもなく……。グラウンドに着く手前、信号待ちの間に『藪木、お前、どっちがやりやすいねん』と来ました。『えっ』と聞き返したら『いや、ハギさんと堀越や』って。察しますよね、私だって。『これでスクラムハーフのレギュラーが決まるのかな』みたいなことを。答えましたよ。『やりやすいのは、3年間一緒にやっていた萩本さんです。おたがい、あうんの呼吸でいろんなことができます。ただ、神戸製鋼のラグビーが今後、よりアップテンポにスペースに展開していくには、堀越の速いパスと球さばきが必要になってくるんじゃないですか』と。平尾さんは『わかった』。それだけです」

その後、堀越が先発として定着した。神戸製鋼でも日本代表でも攻撃をテンポアップさせる役割を担った堀越は、チームを先導する存在になった。

神戸製鋼の黄金期を通じて、平尾はメンバーの固定化を嫌い、競争の原理でチームの活性化を求め続けた。萩本から堀越への転換だけではない。バックスに元木由記雄、吉田明、増保輝則という大学ラグビーのスター選手がそろって加入してきたV7のシーズンは、平尾自身がセンターからスタンドオフに戻ってポジションをあけ、藪木をスクラムハーフ堀越の控えに回した。チーム事情を受け入れた藪木だったが、シーズン終盤には結局、堀越のけがで日本選手権など大一番の出場機会を手にしている。

「平尾さんは『創造的破壊』という言葉で、毎年チームを壊して新しいチームを作ろうとしました。いつも『前の年の神戸製鋼に20点差で勝てるチーム』が目標でした。神戸製鋼を研究している相手チームは、前の年のビデオしか見られない。われわれが『20点差以上』のチームを作ってしまえば、相手は勝てないんです」

平尾という希代のリーダーのもと、常勝軍団は、意識の高さが他チームとはひと味違った。

運転免許を持っていなかった理由

ところで、V3を決めた名勝負でプレー選択が間違っているとさんざんに叱られた半年後、藪木には、おみやげ選びで平尾に褒められた楽しい思い出がある。

海外エンジニアリング事業部の社員として、平尾はリビアのプラントを担当し、藪木はイランを担当していた。1991年6月、藪木のイラン出張が決まったとき、平尾が思い立ったようにリクエストしてきた。

「『藪木、じゅうたん買うてきてくれ』と言い出したんです」

1990年12月、神戸製鋼の平尾がマツダ戦でトライ

これは、手ごわい注文だった。平尾は、筋金入りのインテリア愛好家。同志社大を卒業してから神戸製鋼に入るまで、英国に1年間留学しているが、その主目的もラグビーではなくインテリア・デザインの勉強だった。現地で、下手なペルシャじゅうたんをつかまされて日本に帰ろうものなら、いったい何を言われることやら――。藪木はしばらくの間、気合を入れて勉強した。専門書を読みふけり、ペルシャじゅうたん展にも足を運んだ。

「私は別にじゅうたんに興味ないんですけど、すっかり詳しくなっちゃいました。ノーツと呼ばれる裏側の縫い目の細かさによって、価値が変わるものなんですよね。希望された赤基調の色合いで、まあ、いい値のものを買ってきました。あのときばかりは、平尾さんに褒められました。『なかなかエエやないか』って」

その後も平尾は、大好きなアンティークを扱う大阪南港にある大型倉庫へ、藪木の運転する車に乗って通いつめ、椅子やら机やらをせっせと買い込んだ。

灘浜グラウンドでの練習後も、平尾は藪木の運転で街に繰り出した。藪木はたいてい、ライバルとの競争に勝つために居残って自主練習を続けたいと思っていたのだが、平尾のほうはさっさとシャワーを浴びて身支度を調え、「藪ちゃん、飯行こか」と声を掛けてくる。断る気にはならなかった。店の前で平尾を下ろし、藪木は車を寮に置いて、再び合流するのが常だった。

「そんなにおしゃれな店じゃなくて、ちょっと肉やらパスタやらを食べて、そこから飲みに行くみたいな感じでした。平尾さんはバーボンのソーダ割りが好きで、行きつけのバーに行くと『バーソちょうだい』って注文するんです。マスターを交えて、わいわいとアホな話ばっかり。そうやって飲んだあと、家に帰って一人で考えている時間に、一番いいアイデアが浮かんだそうです」

何かにつけて、平尾が藪木の車を自分の足にしていた理由は、至って単純。彼は、運転免許を持っていなかったのだ。なぜ取得しないのか、藪木は尋ねてみたことがある。

「路地に入ると、死角から人が出てきたり、車が出てきたりするんじゃないかと、勝手に想像してしまうそうです。『俺、それが怖いんや』って。だから運転しなかった。繊細で、想像力が豊かなんでしょうね」

運転といえば、オーストラリア遠征中、息抜きのゴルフを楽しんだときの一幕も思い出される。

「『藪ちゃん、ちょっとカート運転させて』って言うから、代わったんですよ。そうしたら、平尾さんって、内輪差とかが全然わかってないものだから、やたらと変なところに乗り上げるんです。免許がなかったのは、たんに運転の技術がなかったからなのかもしれません」

公私ともに間近で接してきた藪木が、いつも平尾に感じていたのは、意外と抜けたところも多い人間味だ。

「いつも私の車で移動するのに、あの人、車にはガソリン代がかかるものだということが、あんまりわかっていなかったんじゃないですかね。出してもらったことがない。ラグビーの遠征に出れば、同じ部屋になることがほとんどなんですけど、私が平尾さんの洗濯物をきれいにたたんで、スーツケースを整理していました。次の遠征先に行くと、またクチャクチャにしてしまうから、また整理するんです。でも『ありがとう』と言われることはありません。車にしたって洗濯物にしたって、私には世話をしているという意識なんて全然なかったし、平尾さんもやってもらっているという意識がなかったのでしょう。そういうところが、おたがいに居心地がよかったんじゃないですか」

肩のこらない、気遣い無用の関係は、2人がそれぞれ現役を退いたあとも続いた。藪木が神戸製鋼の東京広報部に異動する2005年頃までずっと、車の助手席は、なかば平尾の指定席だった。

明かされた病状「お前がラグビー協会の求心力になれ」

平尾は2016年10月20日、胆管細胞がんと約1年間闘った末に亡くなった。ごく限られた親しい人にしか、本当の病状は明かさなかったが、藪木には早い段階で告白していた。
「平尾さんが自宅で吐血したのは、2015年9月12日でした。その2日後に、私は電話で聞かされました。電話口で、明るく言うんですよ。『おう藪木、俺、血吐いてなぁ』っていうふうに始まりました。胃潰瘍《かいよう》かなと、私は勝手に想像しながら『血を吐くって、どういうことなんですか』と尋ねました。笑いながら『藪ちゃん、深刻なんや』と。『深刻って何ですか』『がんや。いろいろ聞かれるやろから、お前にだけは本当のこと言うとくけど、ほかには絶対言うな』」

自分の身に何かあった場合は、公私ともに仲がよく、神戸製鋼の広報マンという立場にもあった藪木に問い合わせが集中することを、平尾は予期していたのだろう。案の定、平尾のやせた姿を、テレビ画面やイベント出演時などに見た人たちが、相次いで探りを入れてきた。藪木は自分の判断で、「胃潰瘍で物が食べられないみたいです」と対応した。

平尾は闘病中の2016年2月、東京まで足を運び、日本ラグビー協会の理事会に出席する。終了後、「お茶でも飲もか」と藪木を誘った。熱心に語ったのは、自身の病状のことではない。神戸製鋼と日本ラグビー協会の広報担当兼務を1年間経験し、次年度からの日本協会出向を受けるかどうか迷っていた藪木への、力強いアドバイスだった。
「世界を相手に仕事をしろ、と。ワールドカップについて『こんなの一生、日本に来ないで』と、平尾さんは言いました。そして、自分の著書『求心力』を渡して、『お前がラグビー協会の求心力になれ』と励ましてくれました」

翌月、神戸製鋼の神戸本社で会ったのが、結果的に最後の顔合わせになった。そのときは、こう告げられた。

「『これから本格的に治療に入るから、しばらく俺はどこにも出ない。問い合わせがあったら、頼むわ』と、念を押されたんです。その後、一度だけ電話がかかってきました。『もう大丈夫や』っていう感じだったんです。私は、その『大丈夫や』という言葉を信じていて……」

亡くなる直前、関係者を通じて、病状の悪化を伝えられた。見舞いに行くつもりでいたが、間に合わなかった。

「10月19日の夜、平尾さんの病院に行く夢を見たんです。元気よくベッドから起き上がって『おう、藪木』って、握手してくれました。翌朝の出勤途中に電話が鳴って、亡くなったと聞かされました」

上の空でその日の仕事を片付けたあと、京都に向かった。

「最寄りの駅から、平尾さんがいるところに向け、京都市役所の前を通って鴨川のほうへ歩いていきました。その場所がだんだん近づいてくると、あれはいったい何だろうな……。

試合の緊張感もとうてい追いつかないくらい、今までにないほど心臓の鼓動が激しくなった。歩けないくらいでしたけど、とにかく会うしかないと思い直して、足を止めませんでした。身内が亡くなったときにも感じたことがない気持ちでした。現実を受け入れたくなかったんでしょうね」

「藪木、根性や。最後は根性や」

2016年11月5日、日本代表のアルゼンチン戦は平尾の「追悼試合」。2018年6月16日、日本代表のイタリア戦は「メモリアルマッチ」。日本協会の広報部長として、藪木はたびたび、平尾誠二に捧げるイベントを切り盛りしてきた。そして2019年、平尾が恋い焦がれた日本開催のワールドカップ（W杯）を戦った日本代表の取材対応を仕切った。広報部長席には、平尾の写真が立ててある。記者会見場には、大きなパネルも。その姿がいつも目に入る職場で、藪木は世界を相手に仕事をしている。

「私にとって、生きる見本なんです。平尾さんにはなれないですけど、ずっと背中を見てきましたから。まずは、人の話をよく聞くこと。先輩も後輩も関係なく、いろんな人の話を本当に最後まで聞く人でした。私の話もよく聞いてくれました。相手が話し終わると『そうかぁ。まあ、そやけどなぁ』っていう口癖から、平尾さんならではの、いろいろな考えを話し始めるんです」

「よくおっしゃっていた言葉があります。『藪木、根性や。最後は根性や』。意外に響くかもしれませんね。でも、その根性で、病気とも最後まで闘った人でした」

ラグビーをクールに考え抜き、洗練されたプレーで、格好よく勝利を重ねてきたイメージのある平尾と、根性という泥臭い言葉は、ちょっと結びつきにくい。藪木はこう説明する。

「平尾さんの言う根性は、80分間、最後まで一瞬たりとも切らさない闘争心と集中力です。それがラグビーにとっての根性であり、今の日本代表にも確実に息づいている平尾イズムではないかと思うんです」

2019年秋、日本代表は悲願のW杯8強入りを果たした。アイルランドを撃破した一戦で、屈強な相手にスクラムで押し勝ち、フォワードの具智元《グジウォン》らがあげた雄叫びはまさに、このチームの根性の象徴と感じさせた。スコットランドを破った試合で高度なパス回しから勝ち越しトライを決めた稲垣啓太は「笑わない男」として人気者になり、大会を通じてトライを量産した福岡堅樹《けんき》と松島幸太朗の両ウイングは「ダブル・フェラーリ」と快足をたたえられた。彼らばかりではなく、代表メンバーは控え選手たちも含めて、今や全員有名人だ。チームのスローガン「ONE　TEAM」も、流行語大賞を受賞。空前のフィーバーを巻き起こしたW杯を終えて、藪木は今、こう話す。

「代表監督だった頃の平尾さんが作りたかったチームを今、日本代表が形にしてくれたように感じています。19年末、チームが練習で使ったボールを墓前に供えて、成績を報告してきました。ただ、W杯日本大会が成功だったと言われるためには、日本代表の強化やレベルアップを超越して、ラグビーが日本でポピュラーな競技になって生活文化に溶け込んでいるようなところまでいかなくちゃいけない。そのための仕掛けや努力を、W杯後もやり続けないといけない。そうしないと、平尾さんには褒めてもらえないと思います」

平尾と藪木の関係は、上から押さえつけようとはしないが、ここぞというときには箴言《しんげん》を授ける師匠と弟子だ。もちろん先輩と後輩、上司と部下でもあった。平尾が兄、藪木が弟のようにも見える。濃密で魅力的な間柄は死によって分かたれたが、兄の思いは弟へ、しっかりと引き継がれている。

薮木宏之（やぶき・ひろゆき）

１９６６年３月12日生まれ。山口県の大津高に入学してラグビーを始め、３年時の全国大会で４強入り。ノーシードながら準々決勝で優勝候補の大阪工大高（現・常翔学園）を17―13で破った。明大では、１学年下の主将を務めた安東文明らが同じポジションにひしめき、公式戦の出場機会が少なかった。１９８８年、神戸製鋼入り。88年度から始まったＶ１〜Ｖ６はスタンドオフとして、Ｖ７は主にスクラムハーフとしてチームの日本一に貢献した。現役引退後は神戸製鋼の広報部員などを務め、２０１６年４月から日本ラグビー協会に出向して広報部長を務める。

「藪木も一緒に住まわそう」——藪木宏之と平尾誠二

藪木さんは日本ラグビー協会の広報部長として「ONE TEAM」を支えた。ワールドカップ（W杯）で日本がアイルランドを破った翌日、藪木さんから「日本ラグビーのさらなる発展や人気回復など、平尾さんがイメージされたワールドカップ日本大会になってきました。昨晩はホテルの部屋で平尾さんの写真と乾杯していました」というメールが届いた。

W杯は日本代表の活躍で「にわかファン」が急増し、ラグビーの認知度は高まった。日本大会は大成功だったが、平尾さんが願った「ラグビーが文化として日本に根づく」ところまでたどり着くには、途切れることなくラグビーを発信し続けなければならない。

平尾さんは自宅に「藪木も一緒に住まわそう」と家族に申し出たほど親密で、信頼していた。1995年の阪神大震災当日、平尾さんは藪木さんに「大阪で粉ミルクとコンロを買うてきてくれ」と頼んだ。粉ミルクは当時生まれたばかりで、本書の最終章に登場する昂大さんに飲ませるためのものだった。

藪木さんは平尾さんの運転手兼マネジャーのような役回りを淡々と、そして楽しんでこなしていた。そんな経験も、ワールドカップという大舞台での広報の仕事に生かされたことだろう。

10 夜の神戸で衝撃の店「許されるのよ、彼だけは」

元プロテニスプレーヤー・現解説者 沢松奈生子（47）

北野坂は、小粋な店が軒を並べる神戸の繁華街だ。坂道を上って高台に出れば、情緒豊かな異人館街が広がり、明治から昭和初期の洋風建築を今に伝える。平尾誠二とはじめて一緒に食事した夜の待ち合わせ場所は、そんな坂の途中だった。沢松奈生子は、ウキウキしていた。

「さすが平尾さん、待ち合わせ場所からして格好いいんだからぁ」

待ち合わせ場所も店選びもさすがのセンスと思っていたら……

1998年秋に25歳でプロテニス選手を引退してから間もない頃だ。10代から年間200日以上も海外を転戦する多忙な日々を送ってきたうえ、実家の門限は午後10時と厳しく、酒をほとんど飲めない体質でもある。夜の街を楽しむような経験がほとんどないまま、テニス一直線で成長してきた。10歳上の平尾の導きで「大人への階段を上る」くらいの気分で、沢松は北野坂を歩いた。

平尾のほかにテニスコーチら2、3人が一緒という顔ぶれで、沢松が紅一点だった。1軒目は、平尾が行きつけの店に予約を入れていた。

「フォークとナイフでカチャカチャ、みたいなお店だろうと想像していました。着いてみたら、アットホームでこぢんまりとした定食屋さんのようなところ。平尾さんに出すメニューは決まっている感じで、注文しなくてもおいしいものが次々と出てくるんです。お店の人たちも、ワイワイと私たちのテーブルへ話しに来ちゃう。まるで平尾さんの家にお邪魔しているみたいに、くつろいだ雰囲気でした」

なるほど大人の男性って、こういうお店に通うものなのか、などと感心しつつ、心楽しい食事を終えた。すると、ほどよく酒が回って上機嫌の平尾から「ナオちゃん、俺の知ってるエエ店が、この近くにあんねん」と、2軒目へのお誘い。門限には、まだ時間があった。全員、喜んでついて行くことに。粋人らしさを発揮した待ち合わせ場所と1軒目の店選びで、平尾のセンスを誰もが信じきっていたが、自由奔放な遊び心の持ち主でもあることは知らなかっただろう。

2軒目の店は、すぐ近くのビルの地下にあった。階段を下りて扉を開けると、異質な空

ラグビー日本代表監督時代の平尾誠二と、平尾との思い出を語る元プロテニスプレーヤーの沢松奈生子

間が広がっていた。

「私の人生、最初で最後の『刺激的すぎるバー』だったんです。その後も含めて私、あのときほどドキドキした経験ってないと思うなぁ」

あやしい空間でラグビー日本代表について熱弁

店員は男女とも、体にぴったりした露出度の高いレザーの衣装を身につけ、仮面舞踏会の参加者がつけるようなマスクをしている。片手に、ある種の「道具」を持って、もう片方の手で飲み物やつまみを運んで客に出す。照明もあやしい色を帯びている。そんな趣の店だ。

少なくとも沢松が記憶しているかぎりでは、客と店員が一般常識から外れた行為をしたり、されたりするような場面はなかった。きわどいショーやステージ・パフォーマンスの類いも見なかった。

「それでも、夜の神戸の初心者だった私にとっては、あまりに敷居が高かった。目を白黒させて、もうパニック。えらいところに来ちゃったな、って思いましたよ」

「ただし、嫌な感じも全然しなかったんです。だって平尾さん、その店でもラグビーやテニスについて、ずーっとまじめな話をするんですよ。そういう格好をしているお店の人たちも交えて、『ラグビー日本代表は、こうしなきゃいけない』というようなことを、熱く語るんです。私はラグビーに詳しくないから、聞かされてもよくわかりませんでしたけど、話の内容と場所とのギャップは、面白くてしかたなかったですね」

兵庫県西宮市の実家に帰ると、親から「ラグビーの平尾さんと、どこへ行ってきたの?」と尋ねられ、門限10時のお嬢様は答えに窮した。「えーっと、ご飯食べさせてもらってね……。なんかそのあと、ちょっとお酒を飲んだ」などとごまかし、どうにかしのいだ。

じつは、この「刺激的すぎるバー」に、平尾はしばしば人を同伴している。共通の友人と一緒に酒を酌み交わし、初対面で意気投合した有名な男性バレエダンサーも、連れて行かれたことがわかっている。気の合う年下に出会うと、この店に引っ張り込んでは反応を観察して楽しむ。どうやらそれは、平尾一流のお遊びだったらしい。

「あ、やっぱりそういうことなのか! 私、遊ばれたのか、平尾さんに。でも、いいの。この話、誰にも言ってはいけないことなんだと思って、20年以上も抱え込んできたけれども、こうして解禁できたから、思い残すことはない! さっきから『ナオちゃん、そんなこと人に言うなよぉ』って言われている気がして、上のほうから平尾さんの圧を若干、感じるんですけどね」

沢松は天井を見上げて「アハハ」と笑った。

日本人のラグビー像を変えた「貴公子ラガー」

1973年3月生まれの沢松は、小学校高学年で『スクール・ウォーズ』の洗礼を受けた世代に属する。80年代なかばに放送され、大ヒットしたテレビドラマ。荒れた学校に赴任してきた熱血教師が不良少年を更生させ、ラグビー部を高校日本一に導くまでを描いたストーリーは、平尾が主将を務めた当時の京都・伏見工高が全国高校大会で初優勝を飾るまでの実話が、下敷きになっている。

ドラマの中で、「平山誠」という主将が活躍している頃、平尾本人は同志社大の主力選手で、日本代表の次代を担うスターとしてファンの期待を一身に背負っていた。

「ラグビーといえば『スクール・ウォーズ』。汗かいて、泥臭くて、男の中の男っていうイメージ。大八木（淳史）さんみたいな大きい人が、ボールを持って走っている姿を思い浮かべるスポーツでした。それが、本物の平尾さんを目にした瞬間、『格好いい』に変わりました。平尾さんはトライを決めても、ウェアが乱れないんです。グチャグチャ、ドロドロになるようなことが全然ない。スポーツニュースで平尾さんが何秒か映るだけで、『ちょっと何、この格好いい人。なんで走っているの』って。その何秒かでラグビーのイメージが変わるくらいのインパクトがありました。汗の臭いがするにしても、平尾さんなら、さわやかな香りだろうと思っていました」

実際の平尾は、華麗で洗練されたランニングとパスだけを得意とする選手ではなかった。的確なタックルを決め、体を張るプレーをいとわない面もあったのだが、そのあたりは端正なマスクの陰に隠れ、ラグビーファン以外の目にはつきにくかった。日本代表監督時代の1997年に出演した長寿テレビ番組『徹子の部屋』では「傷、多いんですよ。顔だけで65針くらい縫ってます」と打ち明けている。「アナタ、お顔に傷のない方ねぇ」と持ちかけた黒柳徹子の感覚は、平尾だけは決してウェアが乱れないと言った沢松と近い、女性ならではの視点なのかもしれない。

いずれにせよ――。頭を打ったくらいなら、やかんの水をかけてもらって起きあがるし、血が出たってテープをひと巻きして戦線に戻る。そんな荒っぽいイメージだったラグビー界に、貴公子然とした平尾は1980年代、新風を吹き込んだ。そのあたりの空気感を、沢松は少女時代、ビビッドに感じとっていた。

「うわ、メチャクチャしゃべりやすい人じゃない！」

兵庫・夙川《しゅくがわ》学院高の1年生でテニスの全日本選手権を制したあと、報道機関が企画した対談などで、はじめて本物の平尾と顔を合わせた。ただ、その頃に話した内容をはっきり覚えてはいない。神戸製鋼を日本一に導いたラグビー界の若きスターを前に、きっと緊張していたのだろう。

実質的な初対面は1995年11月、阪神大震災の被災児童を励ます目的で一流スポーツ選手が神戸市内のホールに集まったシンポジウムだ。平尾と沢松のほか、当時はオリックスで活躍していたイチロー、柔道の田村亮子（現・谷亮子）と、豪華な顔ぶれだった。

「クールで硬派なラグビー選手という平尾さんのイメージが、あの日、変わりました。お会いして話すと、気さくで、とっつきにくさなんてどこにもない。『うわ、メチャクチャしゃべりやすい人じゃない！』と、感動しました。あの当時はイチローさん（沢松より1学年下の世代）もまだ若くて、シンポジウムみたいな機会には慣れていなかったようで、わりと緊張されていた感じ。そんな雰囲気の中、楽屋であいさつを交わしたときから、年長者だった平尾さんがみんなを和ませてくださったんです」

この日、競技の枠を超えた平尾と沢松の絆が生まれた。沢松の引退後は、平尾の大病が

日本代表合宿で軽快な動きを見せる平尾（中央）

わかる8か月ほど前の2015年1月まで、イベントでの共演や私的な会食などを含め、2人は毎年のように会う機会を作り、親しく語らう間柄になった。

「スポーツは考えるもの」という持論

神戸製鋼の親しいチームメートたちが相手だと、平尾はグラウンド外でほとんどラグビーを語らず、笑い話に興じていたと伝えられる。それなのに、ラグビーの知識がない沢松には、会うたびに独特の切り口で、ラグビーとスポーツを熱く論じた。

「基本的に『スポーツは考えるものだ』というのが、平尾さんの考え方でした。ラグビーの場合、自分が試合中に置かれている状況をちゃんと第三者的に分析して、どこにパスするべきか、どう動くべきかを考えられる人が、最終的には勝つんだと。『日本のラグビーは、もっと考えなくちゃいけない。もっともっと頭を使わなきゃいけない』。その意見には私、ものすごく共感しました。スポーツ選手って、脳みそまで筋肉というような昔のイメージとは違って、トップレベルになればなるほど、頭がよくないとできないものだと思うんです。その考えに、平尾さんとお会いしてから、自信を持てるようになりました」

テニスについても、平尾はきわめて雄弁で、しばしば鋭い分析を披露した。マシンガントークで鳴らす沢松が、主に聞き役に回った。

「そういう目線なのって首をかしげるような話もあれば、すごく的を射ていることもあるんです。『この選手、この前の試合では、コートのあっち側にボール集めて、負けたやろ。そしたら、次やるときまでにはデータをとって、どの方向にどんな配分でボールを散らしたらいいのか、絶対に考えるべきやと俺は思う。そこに気がつかない選手はアカンねん』。そんな話をされたことがありました。面白いなぁと思いましたね」

鋭い観察「ナオちゃんは頭使っている」

沢松のプレーも、きっちりリサーチされていた。現役時代、ひそかに心がけていたことを鮮やかに見抜かれ、舌を巻いたことがある。

テニスの試合では、開始前に5分間のウォーミングアップがあり、両選手が軽く打ち合う。この時間を、沢松は大切にした。自分の体をほぐし、その日のコート状態やボールの弾みを確かめるだけではない。感覚を研ぎ澄ませ、力を抜いたラリーの中にもかすかに表れる対戦相手の調子を把握することに努めた。このささやかな工夫で、体格がよくてパワフルな海外トップ選手たちとの勝負に、沢松はしばしば活路を見いだしてきた。

「試合前に相手のデータは、もちろんすべて頭に入れています。どんなショットに特徴があるとか、サーブはどのコースに打つ割合が高いとか。けれども、相手選手も生き物だから、その日の調子までは、コートで顔を合わせてみないとわからない。『今日はこのコースが調子いいな、ここは悪いな』という感触を、私はウォーミングアップでつかんでいました。そこに気づけるテニス関係者って、そうそういないものなんですよね。ところが、違う競技の平尾さんが、しっかり気づいていました。『ナオちゃんは、相手の特徴を試合の序盤につかんでいる。ちゃんと考えているやろ、あの5分で』って言われたんです」

「テニスのことで、ほかの人から『ナオちゃんはちゃんと頭使っている』なんて上から目線で言われたら、私は怒ると思います。夫に言われても、モノを投げつけちゃうかも。でも平尾さんだと、むしろ『えー、ホントですかぁ』って純粋にうれしくなってしまう……」

ルールをよく知らないラグビーの話を延々とされても、誰よりも考え抜いてきたテニスを上から目線で語られても、沢松はいつも平尾の話を喜んで聞いた。

「ついていけない世界のことばかり、延々と語ってしまう男性っていますよね。平尾さんだけは、それが許されるんです。だって、平尾さんだから。女性から見てもずるいなって思うくらい、立っているだけでも格好いいんですもん。ただ格好いいだけだとつまらない

ウィンブルドン選手権でジェニファー・カプリアティと熱戦を演じる沢松

けど、クールさと熱さを併せ持っていて、人間的に厚みがある。だから、話のテーマよりも、平尾さんに興味があって話を聴き続けてしまうんです」

そもそも、はじめての会食で「刺激的すぎるバー」に案内するようないたずらをやらかす男性はたいてい、女性から愛想を尽かされるだろうし、トラブルになっても不思議はない。それが「とっておきの笑い話」になってしまうのだから、平尾という男性はやはり、特権的なスターだったということだろう。

共通する「生かされている」意識

阪神大震災を抜きに、兵庫ゆかりのアスリートである平尾と沢松の結びつきは語れない。発生した1995年1月17日は、平尾にとって、神戸製鋼で日本選手権7連覇を達成した2日後だった。当時のチームメートによると、平尾は被災した朝、妻子と自宅にいた。家族の無事と家の状態を確認すると、親戚の無事を確かめに出かけ、がれきを動かして人を救出した。

沢松は震災の日、全豪オープン出場のため、オーストラリアのメルボルンにいた。生まれ育った西宮市の実家は全壊し、1階にあった自身の寝室もぺしゃんこになったが、家族は奇跡的に全員無事だった。

「全豪オープンがあのときになかったら、私は死んでいました。本当に拾った命だと思っています」

沢松はこの全豪で快進撃を演じ、被災地を勇気づけるヒロインになった。実家を案じて電話口で「帰国したい」と訴えた沢松を、往年の名選手でもある叔母の和子（ウィンブルドン選手権女子ダブルス優勝者）が「プロなら試合をしなさい。嫌なら泳いで帰ってきなさい」と一喝したエピソードは、テニス界の語りぐさだ。

腹を決めてプレーを続けた沢松は、杉山愛、伊達公子、メアリージョー・フェルナンデス（米国）と手ごわいライバルを次々と撃破。準々決勝でアランチャ・サンチェス（スペイン）に惜敗したが、四大大会で自身の最高成績となるベスト8に食い込んだ。

「神戸の方々の力を感じながらプレーしました。最悪の体調でしたよ。寝ていないし、食べていない。自分の家族や、神戸にいるみなさんが食べるものもないっていうときに、自分だけぜいたくな食事なんて当然できませんから。練習もできていない。それでも、コートに立ったら無の境地で、ボールしか見えない。パーンって、いいコースに打たれて、『あぁ、もう絶対にとれない』と思ったときに、ふと神戸の人たちの声が聞こえてくるんです。『とれるよ！』。体が勝手に押される感じで、ラケットを出したら、それが決まっていました。ちょっと自分が怖いと思いました。あの声がなかったら、たぶん私の足は止まっていました」

雑念が消え、極限まで集中力が高まり、最高のプレーができる状態を、近年はよく「ゾーンに入る」と表現する。沢松にとって、自身がゾーンに入ったと感じた経験は、人生で2回だけ。1回目が全豪での試合で、2回目はモニカ・セレシュ（米国）と大熱戦を演じた引退試合だ。

「全豪オープンは、私にとって、ある意味で原点です。スポーツ選手として、ただ強くなればいい、勝てばいいっていうのではなく、自分たちがなんで今、スポーツをやらせてもらえているのか、できるのかを考えるきっかけになりましたから。人として、毎日を大事にして、いつ何があっても後悔しないように、自分に何ができるかを考えて生きたいと思うようにもなりました」

一方、沿岸部にある神戸製鋼のラグビー練習場・灘浜グラウンドは、液状化などで使えなくなり、一時はグラウンド脇ががれき置き場になった。しばらくして、あちこちの高校のグラウンドを借りて練習を再開したチームを、平尾は「震災を言い訳にするな」と鼓舞した。そのシーズン、神戸製鋼の連覇は途絶えた。チームが日本一に返り咲いたのは、2000年。平尾はすでに引退し、ゼネラルマネジャー（GM）を務めていた。

「震災のあと、『自分は生かされていると思うようになった』と、平尾さんがシンポジウムで話していたのを覚えています。被災した日の行動についても、うかがいました。スポーツのトップ選手って、毎日毎日が精一杯だから、自分の人生がどうとか、生きているのはあと何年だからどう生きようとか、特に考える機会がない人もいると思います。平尾さんは震災のときに『命っていうものは、いつなんどき、何があるかわからない。そうであれば、生きている間は、生かされている命を一生懸命生きよう』と思ったそうです」

震災を経て、2人は「命」に対してよく似た意識を抱くようになった。

被災地に建つ選手目線のW杯会場

ラグビーW杯の試合会場の一つだった神戸市御崎《みさき》公園球技場（ノエビアスタジアム神戸。ノエスタ）は、阪神大震災から復興する神戸を世界にアピールするシンボルとして、2002年のサッカーW杯日韓大会に合わせて建設された。神戸製鋼と大林組のジョイント・ベンチャーが設計、建設に携わった。

設計段階で、平尾はさまざまなアイデアを出した。一つは、グラウンドとスタンド最前列の段差をできるだけ低くすることだった。選手が観客と握手をしたり、サインをしたりする試合後の交流を、容易にすることが目的だった。サッカーW杯の基準では、厳密なフーリガン対策が求められたために段差が2・5メートル必要とされていたが、神戸のスタジアムの段差は1・8メートルにとどめた。サッカーW杯の間だけ、仮設で0・7メートルかさ上げして対応した。

サッカーW杯の開幕前、沢松は完成直後のスタジアムを訪れた。平尾、そしてサッカーの三浦知良（当時はJリーグのヴィッセル神戸所属）との対談企画だった。めっぽう格好いいスポーツマン2人と一緒にグラウンドに立つという機会を楽しむとともに、被災地・神戸に誕生したフットボールの聖地の姿に深い感銘を受けた。

「アスリートは、観客席から見る景色ではなくて、ピッチから観客席を見ています。なので、実際にフィールドに立ってはじめて、そのスタジアムの良しあしを感じるんです。選手目線で見たときに『すごく開けている』とか『窮屈な感じがする』とかを感じて、そこから競技しやすい、しにくいっていうのを判断します。神戸はすごく開けていました。芝も、ウィンブルドンを超えたかもと思うくらい、美しくて。ここはプレーしやすいだろうなって、思ったことを覚えています」

「平尾さん、思い入れをすごく熱く語っていました。『俺が建てた』くらいの勢いでした。世界中のいろんなスタジアムを見に行って参考にしたという話でした。『ナオちゃん、ウィンブルドンと全米オープンの会場って違うやろ?』って、聞かれましたね。『国によってお客さんのカラーも違うから、全然違うスタジアムになるんや。神戸には神戸のスタジアムを造りたかった』って」

平尾も携わった神戸のスタジアムでは、ラグビーW杯で、4試合が行われた。

「2015年1月のイベントでお会いしたときも、W杯の話を一生懸命されていました。『ナオちゃん、見に来てや。日本でW杯をやるって、ホンマにすごいことやで』。それが最後になるとは、夢にも思っていなかったので、『ハイ、ハイ』っていう調子で聞いていたのが、悔やまれます」

都内に暮らす今も、兵庫に里帰りするたび、沢松は平尾を思い出す。

「変わってきた街並みを見ると、神戸の人たちが頑張って復興してきたんだと感じ、誇りに思います。自分たちが、何か小さくても力になれていたとしたら、スポーツ選手として一番よかったことだと思うんです。平尾さんが神戸製鋼に入って、神戸にいるときに大きな震災が起きた。そして今回、W杯が神戸に来た。なんだか、すべてがつながっているような気がします」

2019年1月、沢松は会合の席で、黄金に輝く本物のワールドカップを目の当たりにした。その場面を脳裏によみがえらせたとき、沢松の目に涙があふれた。

「カップと一緒に写真を撮らせてもらいました。『あぁ、平尾さんがここにいたら、喜ぶんやろうな』と思いながら。そうやって、ところどころで思い出しちゃうんです。あぁ、またお会いしたい……。平尾さんと知り合っていなかったら、私がW杯に興味を持つことはなかったでしょう。平尾さんの代わりにはならないけれども、平尾さんのぶんまでW杯をしっかり見届けたいと思います」

こう話していた沢松は19年10月13日、日本—スコットランド戦を横浜国際総合競技場で見届けた。日本が初の8強進出を決めた歴史的一戦。並んで観戦した娘と、快挙の喜びを分かち合った。

ただ格好いいだけじゃない、唯一無二の存在感

ラグビー、テニス、震災……。さまざまな話を聞いてきた沢松は、平尾のことを「カメレオンみたい」とも表現する。

「ものすごく真面目だったのか、それとも天才的なアスリートだったのか、すごく努力をしてあそこまで積み上げた人なのか。すべての可能性を、考え得るんですよ。それがつかめない。いろいろ想像できる。どれだけお会いしても、結局答えが出なかった。そのまま

平尾との思い出をよみがえらせ、インタビュー中に涙ぐむ沢松

逝ってしまったんです」

「格好いいだけじゃないってことですよ。トータルして、彼の魅力なんだと思います。おそらく出てこないでしょうね、こんな人は。全アスリートを通して考えても、ほかに出会ったことがない。イチローさんだって、（松岡）修造さんだって、自分の色がありますけど、どれが平尾さんの色なのかわからないようなカメレオン人間はいない。いったいどれが本当の平尾誠二なのか、最後までつかめませんでした」

そして、平尾がカメレオンでいられたのは、内助の功が一因だと、沢松は考えている。

「亡くなったと聞いて、突然お宅へうかがうのも迷惑になるかもしれないので、お花を送りました。そうしたら、奥様から直筆のお手紙をいただいたんです。亡くなって間がなかったので、本当にお忙しかったでしょうし、たくさんの方が弔問に来られた中で、手紙を書く時間を割いてくださったことに感動しました。『仲良くしてもらって、ありがとうございました。家で沢松さんの話をしていました』と、書いてくださいました。平尾さんが選んだ方ってどういう女性なんだろうって、すごく興味があったんです。奥様には、まだお会いしたことがありません。でも、平尾さんが立派な社会人、立派なアスリートでいられたのは、奥様あってのことだったんだなと、あのお手紙で腑に落ちました」

沢松奈生子（さわまつ・なおこ）
1973年3月23日生まれ。テニス一家に生まれ、5～10歳をドイツで過ごす。兵庫・夙川学院高1年だった88年、全日本テニス選手権女子シングルスに初出場し、優勝。神戸松蔭女子大入学と同時にプロ転向した。シングルスの世界ランキングで自己最高は14位。四大大会の最高成績は、全豪ベスト8、ウィンブルドン、全仏4回戦進出、全米3回戦進出。ツアー通算シングル4勝。92年バルセロナ、96年アトランタ五輪代表。98年に引退した。2000年に平尾が設立して理事長に就いたNPO法人の総合型地域スポーツクラブ「SCIX」には、発起人として協力した。現在は、テニス解説者、コメンテーターとして活躍している。叔母の和子は1975年ウィンブルドン選手権女子ダブルスで優勝。母の順子は、和子との姉妹ペアで70年にベスト8入りした。父の忠幸もウィンブルドンに出場したテニス選手だった。

ただしイケメンに限る――沢松奈生子と平尾誠二

本書のインタビュー対象で唯一の女性。「平尾誠二の魅力」を異性から語ってもらうなら、誰が適任か。スポーツ界、芸能界などの何人かをリストアップした末、平尾さんを追悼するテレビ番組で、涙ながらに「奥様からお手紙をいただいて……」というエピソードを披露していた沢松さんに決め、取材を申し込んだ。

ジャージーの汚れに目が行くところは、やはり男性とは視点が違った。また、平尾さんの多面性を熱く語ってくれた。こういう見方も男性にはなかった。本書の229ページに記した、車の運転免許がないばかりかゴルフのカートさえ運転できないという平尾さんの「弱点」にまで、沢松さんは「かわいい!」と嬌声を上げた。その意見にはさすがに賛成しかねたけれども。

いでたちどおりのおしゃれな待ち合わせ場所→アットホームな定食屋→刺激的なバーなんていう平尾さんが描いた飲み会の流れは、女子の「ギャップ萌え」を呼び起こす教科書通りの作戦だったと思える。でも、平尾さんじゃない男性が採用すると、手痛い失敗につながる危険性もはらんでいるような気がする。

飲み会の話では大笑いし、亡くなった話は、涙ぐんで言葉をつないだ沢松さん。アップダウンの激しい2時間の取材だった。

後日、平尾さんが誘った刺激的なバーに行ってみた。営業スタイルは、当時と変わりないようだった。足を運んだのは、言うまでもなく「取材のため」なのだが、飲み代を経費請求するわけにもいかないから、自腹を切った。

11 「運命の日」の開幕戦、スタジアムに父が来ていたような気がする

長男 平尾昂大(25)

平尾昂大にとって、2019年9月20日は大変な一日だった。朝、まず2歳の甥《おい》を保育園に送り届け、その足で兵庫県内の病院へ。5つ違いの姉・早紀の第2子が生まれそうだった。義兄とともに待合室の椅子に並んで座り、その時を待った。そわそわし始めた頃、母の惠子が、誕生したばかりの赤ちゃんをいとおしそうに抱っこして分娩室から出てきた。元気いっぱいの女の子は、昂大にとってははじめての姪《めい》、そして亡き父・誠二にとって2人目の孫だ。

「運命を感じずにはいられませんでした。我が家が新しい命を授かった日が、父の夢であり、目標だったラグビー・ワールドカップ（W杯）日本大会の開幕と、重なることになるなんて。じつは、出産予定日より何日も早く生まれてきたんです」

喜びをゆっくりかみしめる間もなく、昂大は母と新幹線に飛び乗った。日本とロシアが顔を合わせたW杯開幕戦会場の東京スタジアム（東京都調布市）に着くと、観客席に腰を

下ろし、ノーベル賞医師の山中伸弥夫妻ら、父の親友たちと並んで試合を見た。

「試合中、思わずあたりを見回してしまいました。観客席のどこかに父が座っているんじゃないかな、と思えてならなかったから。いつものように脚を組んで。日本代表のジャージーを着て応援されていた山中先生も『なんだか平尾さんがいるみたいな気がするなぁ』とおっしゃったので、あぁ先生も思いは同じなのだと、顔を見合わせてうなずき合いました。もちろん、ついに日本で開かれたW杯を父に見せてあげたかったなというのが、本音ではありましたけれども」

山中亮平（神戸製鋼）の復活に感激

生前、日本代表戦を「よっしゃ!」「あぁ、もう!」などと声を上げて見ていた父のぶんまで目に焼きつけようと、昂大は手に汗握ってグラウンドを見つめた。開幕戦の緊張からミスが相次いだ序盤は、やきもきしたが、前半のなかば以降に見せたトライの連続には気持ちが盛り上がった。日本は30―10で、無事に初戦突破を果たした。

もっともうれしかったのは、終盤、山中亮平（神戸製鋼）が出場したことだ。巧みなステップと、よく伸びるキック。神戸製鋼のゼネラルマネジャー（GM）だった父が、この

優しくほほ笑む平尾誠二（左、1995年）と、平尾が31歳でもうけた長男の昴大（2019年9月2日）

選手について話していたのを、昂大は覚えている。山中は神戸製鋼に入って間もなく、口ひげを生やすために塗った育毛剤が原因で、ドーピング違反になって2年間、プレーできなかった。

「あの頃、父は『アホやなぁホンマ、って思うけど、してしまったことはしゃあない。本人が一番つらい』と話していました。即戦力として期待していただけに、よほど悔しかったのか、電話でどなたかと対応を相談していた姿も記憶にあります。だから僕も、W杯で山中選手の雄姿を見ると、すごくテンションが上がりました。母とも一緒に喜び合いましたし、父もきっと喜んでいたはずです」

外回りの営業マンの仕事で日焼けした顔をほころばせ、昂大は、こう続けた。

「満員のスタジアムにも、すごく感動しました。ラグビーファンとして、希望が湧いてくる光景でした。このW杯をきっかけに日本でラグビーが文化として根づくことを願っています。それが父の夢でした」

父と子のキャッチボール、思い出の散歩道

昂大が物心ついた頃、平尾はすでに現役を引退して神戸製鋼の指導者になっていた。仕

W杯日本大会の開幕戦に途中出場し、ボールを持って突っ走る山中亮平

事に練習に試合にと、平日も休日も出かけてゆく日がほとんど。父と息子が一緒に過ごす時間は短かった。

「家族そろって、というところに父がいないのは、当たり前でした。同年代とくらべて、父親との接点は少なかったかもしれません。あまり教育熱心ではなかったような気がします」

もっとも古い父の記憶は、真夜中に帰宅して子ども部屋のドアを開ける姿だ。

「パッと廊下の光が顔に当たって、目に入ってくるような感覚です。5秒間くらい開けて、僕の顔と寝ている姿を確認してくれる。そして、声も掛けずにドアを閉めるんです」

3、4歳の頃は、夏が来ると平尾に朝4時半頃起こされ、早紀も一緒にカブトムシを捕りに出かけた。たくさん捕れると、自分や姉よりも父が一番喜んでいた。昂大は昆虫が苦手だが、喜ぶ父の姿を見るとうれしくなった。

小中学校時代はよく、散歩のお伴をした。平尾は、歩くのが大好きだった。

「父が起き出す時刻は日によってまちまちでしたが、新聞を読んで朝食をとったあと、庭でゴルフの素振りをする習慣がありました。僕は、2階の窓から素振りが始まるのを見て、散歩に行くスタンバイをします。門がガランと開く音がしたら、それが散歩に行く合図でした。父は歩きながら、いつも何かを考えている人だったので、歩いている間は話しかけ

平尾と昂大がボール遊びをした公園

ないほうがいいかなと、僕は思っていました。だからあまり会話はありませんでした」

いつも同じ道、というのは平尾の流儀に反する。気の向くまま、日ごと、違うルートを歩いた。どこを通るにしても、近所の公園には必ず寄った。小学生時代は野球少年で、中学時代はバスケットボール部員だった昂大は、散歩にボールを持っていった。公園内のささやかな広場で、父とキャッチボールやパスの練習などを楽しんだ。

真っ黒なチャーハンと深夜のとんこつラーメン

ときどき、平尾は料理の腕をふるった。なかなかの腕前だったらしい。

「まず、僕に冷蔵庫の中身を調べて報告させます。そして『よし、全部冷蔵庫から出せ。俺が今から、うまいもん作ったる』と宣言して、作り始めるんです。小学生の頃に作ってもらったチャーハンは、忘れられません。何やらいろんなスパイスが入っていたらしく、真っ黒でした。『これが俺のスパイシー・チャーハンや！』なんて言いながら、テーブルにドンッと置く。あれが一番、おいしかったなぁ。ただ、作って食べるだけで、あちこち散らかしてそのままにするから、後片づけする母が大変なんですけれども」

中学3年生くらいになると、翌日が休みの夜に「昂大、ラーメン行くか」と声が掛かった。行くのは、お気に入りだったとんこつラーメンの店。家から決して遠くはないが、歩いて行くのにはちょっと無理な場所にある。平尾は運転免許を持っておらず、家族で当時、車の運転ができたのは一人だけだった。

「母に、店まで車で送り迎えしてもらっていました。僕らがラーメンを食べている間、母は車の中で待機しているんです。父は『これうまいなぁ、替え玉いくか?』と、満足そうに食べていました。じつは僕、夜遅くに食べるのはあんまり好きじゃないのですが、父は替え玉をほとんど食べず、結局僕が食べることになりました」

父と子の、屈託のない笑顔が、目に浮かぶようだ。

自主性なくして成長なし「好きなことをやったらエエよ」

昴大が平尾から言い聞かされていたのは「人に迷惑をかけるな」と「話をするときは相手の目を見て話せ。聞くときは目を見て聞け」という、ごく基本的な教えだけだった。

平尾は、みずからの考えを押しつけることを嫌い、子どもたちの自主性と主体性を育もうとした。

「どのスポーツをしろとか、ラグビーをやれとか、勉強しろとか、そういうことを絶対に言わない父親でした。いつも『人から言われて物事をやっているようでは成長しない。好きなことをやったらエエよ』と言われていました」

ほとんど怒られた記憶はない。だが、小学6年生のときに一度だけ、烈火のごとく怒られたことがある。

「あの頃、野球をやっていたんですけど、勉強と両立するのが難しくなって、試合の朝に泣きながら『もう野球には行かない』と、母に訴えたんです。そうしたら父が『野球はチームスポーツや。お前が休めばチームに迷惑をかける。人に迷惑をかけるなと言ってきたやろ』と。お尻を蹴っ飛ばされました。あんなに父が怒るのは、はじめてでした」

力でたしなめたのは、平尾なりの意図があってのことだったようだ。

「悪いことをしたら、叩いたらいい。その代わり、心は傷つけるな。身体の傷は治っても、心の傷はなかなか治らない。そう言っていました。母からは僕、よく叱られていましたよ。叱られたあとで、父が母に『怒るの長いなぁ。そんなん、ひと言でエエねん』って言っていることもありましたね」

日本代表監督時代、スタンドで試合を見つめる平尾。左隣りは親交のあったサッカーの岡田武史・元日本代表監督

スターの息子、重荷にはならず

日本ラグビー界きってのスター・平尾誠二の長男。そんな立場で少年時代を過ごすのは、なかなか大変そうに思える。周囲からの過度な期待に悩んだことはなかったのか。プレッシャーで息苦しくなるような時期を、経験してはこなかったのか。

そんな問いに、あっさり答えられるのが、伸び伸びと育った昂大の持ち味だ。

「父は目立つのが嫌いな人で、それほどテレビに出ていたわけでもありませんからね。僕のまわりには、父を知らない友だちも多かったですよ。何よりも僕自身が、子どもの頃は父のすごさをわかっていませんでした。だから、平尾誠二の息子って言われても『ん？だから何なの』っていう感じでした」

もちろん、プレッシャーを感じた時期が、なかったわけではない。高校1年生の夏からアメリカへ留学する前、2か月間だけ、ラグビーをプレーしたときのことだ。父が創設した総合型地域スポーツクラブ「SCIX（シックス）」に通った。ほかの競技ならともかく、父と同じスポーツとなれば……。

「運動神経がいいのだろうと、まわりから変に期待されるんじゃないか。そんな不安を、通い始める前はすごく感じました。でも、行ってみたら、SCIXの指導者のみなさんが

インタビューに答える平尾昂大

温かく迎えてくれて、その後も何かと気を遣ってくれました。深く悩むようなことはなく、楽しくプレーできました。『ラグビーをやれ』とは言われなかったけど、僕がＳＣＩＸでラグビーをしたことを、父はうれしがっていたようです。母の前でとても喜んでいたと聞いています」

アメリカ留学と秘伝のステップ

昂大がアメリカへ交換留学に出たのは、高校1年生の8月からだ。自身もイギリスへの留学経験を持つ平尾から「若いときに異国の文化を学ぶのはいいことだ。行ってきなさい」と、背中を押された。

当初の予定では、高校卒業後に日本へ帰ってくるはずだった。しかし、大学もアメリカに残って学びたいという気持ちになった。昂大は結局、10代から20代にかけての計7年ほどを、家族と離れてアメリカで過ごした。ファイナンスを中心とする経済系の学問に励み、ラクロス、バスケ、レスリングなどさまざまなスポーツを楽しんだ。

一度だけ、昂大は平尾から、ラグビーの技術を伝授されたことがある。

「留学中に一時帰国したとき、内側に切り込んで相手を抜き去るステップのコツを教わりました。現役時代の映像を見ると、父が得意としていたテクニックですよね。『こんなふうに、脚を残す感じにするのがコツや。そうしたら、相手が動く。そこで最後に脚を上げるのが大事やねん』と、実演しながら説明してくれました。なるほどな、と思いましたよ。でもね、僕はアメリカではラグビーをする機会がなかったんです。もう少し早く教えてくれたらよかったのに、と思いましたね」

涙の電話「親の死に目に会えると思うな」

平尾に胆管細胞がんが見つかったのは、2015年9月。昂大は米国の大学に留学中だった。夏休みを日本で過ごし、アメリカに戻ったばかりのタイミングで、スマートフォンに「いつ日本に帰ってくる?」というメッセージが、母から届いた。

「ついこの前まで日本にいたのに、おかしな内容やなと思ったんです。そのときに想像したのは、祖父か祖母が病気になったのではないかと。それが最悪のことだと予想したんです。まさか父が、がんとは。さらに母から『もう年内もたないと言われた』という連絡もありました。悪夢を見ているとしか思えなかった。夢、夢、絶対に夢だから、きっと目が覚めると」

その後、9月のうちに国際電話で話をした。平尾は当時、周囲の多くに病状を隠したまま、仕事を続けていた。通話したときは、妻の運転する車に同乗して神戸製鋼の練習に行く途中だった。

「母に電話したら、隣りに父もいたんです。代わってもらったら『男は親の死に目に会えると思うな。だから帰ってくるな』と言うわけです。僕は泣きながら『仕事はもういいから、治療に専念してくれ』って頼みました。そうしたら『俺は死なん。心配するな』って。そのとき、父も涙を隠して声を詰まらせていたようですが『このことは昴大には言うな』って母にくぎを刺したようです」

「これだけ怒れるんやったら、俺もまだ元気やな」

翌月、昴大は事前に連絡せず、帰国した。

「サプライズで帰ったら、父が喜んで、免疫力も上がるかなと思って。会ってみたら、やせてはいましたけど、元気そうでした。『なんで帰ってきた?』って、ポカンとしていました。『飛行機代、誰が払うと思ってんねん』と、笑いながら突っ込まれました。声も出ていたし、焼き肉も食べたし、年内もたないと言われたことが嘘のようでした」

いったんアメリカに戻り、12月に再び帰国した際はノエビアスタジアム神戸（神戸市御崎公園球技場）に出かけ、神戸製鋼―トヨタ自動車の現地観戦をともにした。

「トヨタに（25―32で）負けました。父は腹を立てていましたけど、『これだけ怒れるんやったら、俺もまだ元気やな』なんて言っていました。僕のほうは、負けて父のストレスがたまったら、がんが大きくなってしまうんじゃないかと、気が気じゃなかった。だからトヨタにトライをとられるたびに、上のほうの席に座っている父の顔色を見ていました。『神戸製鋼、しっかりしてくれ！』って、懇願するような気持ちでした」

病状に深刻さが増したのは、翌2016年4月頃からだった。昂大はアメリカから急きょ帰国し、夏休みが終わるまでの5か月ほどを日本で過ごした。再度渡米したが、容体が悪化したと聞いて10月12日に日本へとんぼ返りした。

「父には、就活のために帰国したと伝えていました。変に思われてはいけないので。僕が会ったときは、病院のベッドに持ち込んだiPadで神戸製鋼の試合を見て『この選手、いい動きしてる』なんて言ったりしていました。『昂大、買ってきてくれ』と頼まれた『ガリガリ君』のアイスも食べていました」

大学の卒業試験のために、昂大が日本を離れる日が迫っていた。10月19日、父と息子は握手をして別れた。別れ際は手を握り合うのが習わしだったが、これが最後になった。

「あのとき、僕は『アメリカからやったら12時間で帰ってこられる。飛行機に乗ったら一瞬や。なんかあったら絶対帰ってくるから、遠慮なく連絡してや』と、お願いしました。涙を拭って向き直った僕を、父は『なんで泣いてるんや』って、不思議そうな顔で見ていました。『じゃあ、帰るわ』と握手して……」

息を引き取ったのは、翌日だった。アメリカに着いて間もなく、母から電話で知らされた。「親の死に目に会えると思うな」と言われたその言葉が、現実になってしまった。心ここにあらずで卒業試験をこなし、父のもとを目指した。顔を合わせられたのは、通夜の終わり頃だった。

「ありえないと思いました。死ぬなんて。その気持ちは今でもあります」

年に数回は母に花を買ってきていた父

闘病中に平尾が気にかけていたことが4つある。W杯日本大会の成功。2018年12月に18シーズンぶりで実現した神戸製鋼の日本一。親より先に逝くことの申し訳なさ。そして妻のことだ。

「母に『どんなことがあっても、あと3年頑張って生きるから、それで許してほしい。3

平尾の遺影を手に、18季ぶりの日本一を喜ぶ神戸製鋼フィフティーン

年もあったら大丈夫やろ。好きなように生きさせてくれてありがとう。本当に感謝してる。お前のために、治療頑張るわな』と言ったそうです。父が逝ったのは、がんとわかってから1年1か月後でした。遠征や海外出張のとき、僕や姉にお土産がなくても、必ず母には買ってくる。誕生日や記念日じゃなくても、年に数回は母に花を買ってくる。そんな父でした」

GMなのに一般席で観戦していた理由

W杯日本大会の開幕を控えた2019年9月2日、昂大は大会の試合会場の一つだったノエスタでインタビューに応じた。

昂大にとって、ここは高校1年生の頃、はじめてラグビーを生で観戦した場所だ。客席まで届く「バチン」と体がぶつかり合う音に魅了され、それからノエスタや東大阪市花園ラグビー場での神戸製鋼の試合に足しげく通うラグビーファンになった。

ノエスタでは、W杯に向けて芝の養生が進められていた。はじめて足を踏み入れたグラウンド脇から観客席を見上げた昂大は、あちこちを指さしながら、声を弾ませた。

「きれいですね、こんなふうに見えるのか。ノエスタで試合があるとき、僕はバックスタンドから入って、客席をぐるっと歩き、父の座っているメインスタンドまで行くんですよ。目が合って、僕が軽くあいさつすると、父って結構、目をそらしちゃうんです。なんか、恥ずかしかったんでしょうね。ニコッとしてくれるときもありましたけど」

ノエスタのメインスタンド奥には、監督やコーチらが屋内からガラス窓越しに試合を見られるチーム関係者向けの席もある。だが、平尾GMはいつも、外の席で一般客に交じって観戦していた。関係者席に座らないのは、平尾なりのこだわりと配慮があってのことだった。

「関係者席で試合を見ていた父が『あいつはアカン』みたいなことを、思わずつぶやいたらしいんです。そうしたら、隣りでそれを聞いていたヘッドコーチが、その選手を交代させてしまった。コーチではないGMの自分の意見が、ヘッドコーチの意見をかき消してしまうのはよくない。それ以来、関係者席から離れて座るようになったと話していました」

思い出のノエスタ「もっと話を聞いておけばよかった」

ノエスタは2002年のサッカーW杯に合わせて、神戸製鋼と大林組のジョイント・ベンチャーが設計と建設を手掛けたスタジアムだ。プロジェクトチームには平尾も名を連ね、アスリートの目線でさまざまなアイデアを出した。たとえば、グラウンドとスタンド最前列の段差が1・8メートルと低く、ほかのスタジアムよりも選手と観客が握手やサインで交流しやすくなっているのは、平尾の助言が採用されてのことだ。

父が設計にかかわったスタジアムだということは、うっすらと知っていた昂大だが、詳しい話を聞かされたことはなかった。

「そんなことを父は気にしていたんですね。あんまり僕には、自分の話をしませんでしたから。でも、すごいな。そんな話、もっと聞いておけばよかった」

生き続ける平尾誠二の精神

昂大はアメリカの大学を卒業してから、日本に戻ってビジネスマンになり、実家で暮らしている。W杯開幕戦の客席で気配を感じたように、玄関でガチャンとドアを開ける音がして、父が家に帰ってくる気がすると、昂大は言う。

平尾が過ごした部屋は、今もそのままにしてある。リビングで一人、葉巻をくゆらせ、顔を赤らめながらウイスキーをロックで飲んでいる父の姿が、脳裏に浮かぶ。それは、平尾にとって一番リラックスでき、いいアイデアが浮かぶ貴重な時間だった。

ノエスタの正面玄関先にある平尾誠二の足形の前に立つ長男の昂大

「僕、父とお酒を飲んだことがないんです。社会人になったのも、父が亡くなってからでしたから、仕事の話もできなかった。GMって選手をリクルートしますよね。その交渉って、人対人じゃないですか。僕が今やっている営業の商談も、人対人。こういうときはどうするかというアドバイスがほしかったなと思います。お酒を一緒に飲みながら、話を聞いてみたかった」

「それでも、父の親友だった方々には、ゆかりのお店に食事やお酒を飲みに連れて行ってもらうことがあります。父が愛してやまなかった神戸製鋼ラグビー部の方々には、今も何かと家族でお世話になっています。父が僕たち家族に残してくれたもの。それは人かもしれません」

形ある存在としての平尾は姿を消したが、その精神は多くの人々の中に生き続けている。ただ、人によって思い浮かべる平尾の姿はさまざまだ。現状維持を拒み、常に変化や更新を追い求めたから、平尾誠二像は多彩なのだ。

父との思い出が詰まった神戸のノエビアスタジアムに現れた昴大さんには、大物感が漂っていた。「平尾の息子」という視線を浴び続けてきたはずだが、萎縮することなく泰然と生きているようだ。

名言といえるようなたくさんのメッセージを父から授けられた中で興味深かったのが、「締め切りがモチベーションになる」という言葉だ。夏休みの宿題に、すぐ手をつける必要はない。２学期が迫ってきたら、やる気になると。はじめて、父と自分の考えが一致したそうだ。平尾さんは、たんに先延ばしを推奨していたわけではない。この言葉の裏には、人に言われてやらされているようでは身につかない物事も、自発的に動いたときには習得できるという意味が隠されている。

昴大さんは現在、営業の仕事をしているが、「留学してビジネス系の学問を修めたことを生かして、将来は世界を相手に仕事したいという思いは持っています」と話した。世界に目を向けるのは、親譲りだ。

［平尾家のW杯］

父とジョセフさん、そして日本ラグビー「未来への希望」

平尾昂大さんから

W杯イングランド大会が終わった頃、父は抗がん剤の治療を受けながら、日本ラグビー協会の理事会に出席していました。理事会では、日本代表の新体制が話し合われていて、父は闘病中とは思えないほど、生き生きとしていました。エディー・ジョーンズさんの後任HCを選ぶなんて大変でしょう――と水を向けたら、力強い言葉が返ってきました。

「一人いるんや。日本代表のHCは彼しかできない。彼ならやってくれる。『条件』が全部そろっている。俺は絶対に（理事会で意見を）譲らへんで」

その彼というのが、ジェイミー・ジョセフさんでした。

もちろん、父も当時は匿名で話しましたし、人選の条件だとか理事会の内容などは一切明かしませんでした。けれども、ジョセフさんの就任が発表されたときは、その人物像を改めて熱く語ってくれました。

「ジョセフは、俺がジャパンの監督をしていたときに招集した選手だから、彼の性格はよく知っている。選手としても指導者としても素晴らしいし、何よりも人格者だ。なかなかのナイスガイやで」

ナイスガイ。思えば父は、山中伸弥先生のお人柄も、この表現でたたえていました。男性を心底から見込んだときに用いる、最上級の賛辞だったように思います。

日本代表HCとしてのジョセフさんに会えるのを、父は楽しみにしていました。ですが、ジョセフさんが来日した頃には、すでに理事会に出られる状態ではありませんでした。当時は、こんなふうに話していました。

「体調が戻ったら会える。そのときは、いろいろ話したいこともある。ホンマに楽しみや!」

再会はかないませんでした。しかし、そのジョセフHCの指揮下で、日本はグループリーグを1位通過し、8強による決勝トーナメントまで勝ち進みました。

そして、日本の最後の試合となった南アフリカとのW杯準々決勝が行われた10月20日は、父の命日でした。僕は東京での試合の応援に行く前、神戸にある父の墓前で、家族そろって手を合わせました。「W杯の日本の活躍は、お父さんの思ったとおりやね。ただ、ここまで日本が盛り上がっているのは、予想以上だったんじゃない?」。そんなことを語りかけました。

父の命日と南ア戦が重なったことは、メディアで当時、ずいぶんと話題になりました。父ならきっと、こう言ったでしょう。

「そんなん偶然。日本代表が本当によう頑張ってくれたというだけや」

僕もそう思います。W杯では、ありがたいことに日本の全5試合をスタジアムに行って応援することができました。日本がスクラムで押し勝つたびに興奮し、8強進出を決めたスコットランド戦は福岡堅樹さんのトライに鳥肌が立ちました。

ジョセフさん、チームのみなさん、感動をありがとうございます。父も、どれほど喜んでいることでしょうか。

僕は最近、大好きなノエスタがラグビーの試合で満員になっていることも、うれしくて胸がいっぱいです。W杯中のイングランド―アメリカ、南ア―カナダはもちろん、W杯後のトップリーグ、神戸製鋼―サントリーもぎっしりでした。日本が南アを倒した2015年のW杯のあとよりも、もっとラグビーを見る人が増えているのを実感します。トップリーグやサンウルブズ、そして東京オリンピックの7人制と、この調子で日本のラグビーが盛り上がっていくことを願ってやみません。

人は死んだら忘れられていくものなんや――と、父は話していました。ところが、亡くなって3年以上も過ぎたのに、W杯以来、多くの方々が父のことを思い出してくれています。たくさんの方がお墓参りしてくださいます。お花やメッセージ、さらには父が好きだった葉巻やウイスキーを墓前に供えてくださる方もいらっしゃいます。この場を借りてお礼申し上げます。ありがとうございます。（2020年2月）

平尾さんの長女で昴大さんの姉・早紀さんから

日本チームの大活躍で大成功したラグビーW杯日本大会が開幕した2019年9月20日は、私と家族にとって生涯忘れることのできない一日となりました。

10月に出産を控えていた私でしたが、定期検診で切迫早産気味であることがわかり、主治医の先生から「赤ちゃんが早く生まれたがっていますね」と言われました。まるで運命に導かれるように、予定日より2週間早い9月20日に出産することになったのです。1年は365日ありますが、なぜこの日だったのでしょうか。

赤ちゃんに会えた喜びとともに、自国開催のW杯を楽しみにしながら闘病していた父の姿に、思いをはせました。イングランドで行われた前回のW杯で日本が南アフリカから歴史的勝利を挙げた日は、日本時間ではちょうど4年前の9月20日（現地時間では19日）でした。あのとき、山中先生が「平尾さん、次のワールドカップは日本開催だから、一緒に観に行きましょうね」と父におっしゃってくださいました。それがかなうことがなかった無念の思いは、私を切なくさせました。

昨年のW杯以降、多くの方々が試合会場に足を運んでくださるようになり、トップリーグの試合のチケットが入手困難になるなど、テレビのニュースや新聞、ネットなどでもラグビーが大きく取り上げられています。この時代に生きている幸せを日々実感しながら、ふと思い出したことがあります。

私が子どもの頃、冬のオリンピックで荒川静香さんが金メダルをとり、日本中がフィギュアスケートで沸きたっていたときのことです。あふれんばかりの笑顔で、父は、こんなことを言っていました。

「ラグビーにもこんな時代がやってくるよ。W杯も日本でできる日がくる。日本代表は必ず強くなるから、パパもがんばらないとな。そのときが楽しみやな」

あれから長い年月が流れ、父が旅立ってから、この時代が訪れました。

パパ、見えていますか？

あふれるさまざまな想いを込めて、9月20日に生まれた長女を「未希子《みきこ》」と名付けました。（2020年2月）

エピローグ

平尾さんへ——2019年W杯日本代表の記者会見から

ジェイミー・ジョセフHC（2020年1月29日）

南アフリカ戦の当日は、平尾さんの命日だということを、チーム内で少しですが話しました。大きなリスペクトを抱くべき人物だと思っているからです。平尾さんは、現役時代の私にとって（日本代表の）指導者だったわけですが、2016年に日本へ戻ってきたときには、私の代表ヘッドコーチ就任を力強くサポートしてくださっていたことも知りました。

あの頃、すでに闘病中でしたので、直接お会いして感謝を伝え、語り合う機会はありませんでした。けれども、指導者としての私を、平尾さんが信じてくださったのは、とてもうれしいことでした。

信頼に応え、昨年のW杯であのような戦いをすることができ、大きな成果を出せたことを、私は誇りに思っています。選手たちは昨年の戦いで、これまでとはまったく違い、ほかのチームともまったく違うラグビーを見せました。忍耐、コミットメント（チーム作りと主体的にかかわる姿勢）、勇気――。それらを選手が出しきってくれたラグビーでした。きっと平尾さんも見ていて、誇りに思ってくださっていると思います。

※発言は英語。「ヒラオサン」の名前だけは毎回、日本語で発音した

山中亮平（南アフリカ戦4日前の2019年10月16日）

ラグビーを続けるにあたって、平尾さんがいなかったら、今の僕もいないと思っている。感謝の気持ちでいっぱい。そんな平尾さんの命日ということで、（南ア戦は）僕にとってすごい日に行われる大事な試合になった。ベスト8を目標にしてやってきて、それは達成できたので、もう失うものはない。（平尾さんが今いたら）ここまで来られたことには「よく頑張ったな」と、南ア戦については「思いきって楽しんでやるだけだ」と、言ってくれると思う。だから、メンバーに入れば、全力でぶつかって、楽しんでやりたい。

※日本のフルバックとしてW杯の全5試合に出場した

田中史朗（2019年10月20日、南アフリカ戦を終えて）

今日は娘の誕生日だったのに、負けてしまった。しかも（伏見工高の先輩にあたる）平尾さんの命日と重なった。これから僕の人生で、10月20日はいろんな思いが重なり合って、

平尾さんの思い出を語るジョセフHC

すごい日になりそう……。でも、それはすごくいいことじゃないかなと感じている。
※日本のスクラムハーフとして全5試合に途中交代で出場した

長谷川慎スクラムコーチ（南アフリカ戦4日前の2019年10月16日）

平尾さんの話になると、ちょっと感傷的になってしまう。現役時代の僕を日本代表に選んでくれたのも、試合に出してくれたのも平尾さん。平尾さんとあのときはコーチだった土田（雅人）さんの関係を見ていたから、僕はのちに代表チームのコーチとしてW杯に出たいと思った。そういう特別な人の命日に、特別な試合がある。しっかり恩返しできるように、そのことだけを考えてラグビーをやりたい。

1999年W杯の開幕戦前日、部屋に帰ったら平尾さんからの手紙が置いてあった。それが一番の思い出。そんなに長い文章ではなかったけれども、僕の性格や、それまでやってきたことについて、励みになることが書いてあった。この人のために、そして日本のラグビーのために頑張ろうと、いいモチベーションで試合に臨めた。僕がなぜ日本代表に選ばれたのかを聞いて、「スクラムに決まっているやろ」と言われたことも思い出す。

平尾ジャパンに入って、一番驚いたのは、ちゃんとした専門家がスタッフにいて、その人たちを要所に配置したシステムを、平尾さんと土田さんがうまく作って機能させていたことだった。何とか日本が世界に勝てるようにと考えていたお2人は、そんな姿を僕らには見せず、すごくフレンドリーだった。さらっと、すごいことをやっていた。そんなふうになりたいなと思った。

※99、03年W杯にプロップで出場。現職はトップリーグ・ヤマハ発動機コーチ

終わりに

はじめて平尾さんの存在を知ったのは、中学2年の冬だった。伏見工高が花園での全国大会に初出場し、ベスト8に進出したときだ。自分が住む京都市伏見区にある高校が勝ち進んでいることに心が躍った。毎朝、熟読していたスポーツ新聞で、平尾さんの活躍が伝えられていた。その頃からすでに、天才的な司令塔という扱いだったような記憶がある。ラグビーの入門書を買ったのは、それから間もなくだった。翌冬、平尾主将率いる伏見工高が全国優勝を果たすと、決意は固まった。高校に入ったらラグビーをやる。

大学に入ると、平尾さんと同じチームになった。といっても、150人近い部員の頂点にいる平尾さんの姿は、仰ぎ見るしかなかった。憧れるにも躊躇するような遠い存在だった。

スポーツ記者として取材するようになったのは、神戸製鋼の連覇が7で途切れ、低迷している時期だった。神戸製鋼が負けたあとも、平尾さんは淡々と、そして整然と試合を振り返っていた。その口ぶりから、悔しさを通り越したところにある感情を見つけ出した新しい人類ではないか、と変な想像をしたこともあった。

しかし、今回の取材で、長男の昂大さんから試合を見ながら悔しがったり、怒ったりしていたという話を聞いて、平凡な感情も持っていたんだ、となぜかほっとした。神戸製鋼の後輩だった藪木宏之さんからは、平尾さんが「最後は根性や」と言っていたと聞いて、「意外と普通」と思った。そうかと思えば、試合中に、同点にされてもいいから相手にトライをとらせろ、なんていう常人離れした発想もする。本書のもとになった読売新聞オンラインでの連載取材を終えた今でも、平尾さんがどんな人だったかと問われると、答えに窮してしまう。いまだに定まった人物像を持てないでいる。

とはいえ、ラグビー界への貢献は明らかだ。

平尾さんが亡くなった翌日の追悼記事で、私はこう書いた。

「泥にまみれた大男たちが骨をきしませ、ぶつかり合う。倒れたら、やかんの水をかけてもらって再び立ち上がる。そんな『荒々しい』イメージだったラグビーという競技に、平尾さんは『格好よさ』を持ち込んだ」

子どもの頃、ラグビーの心象風景は、泥が染みたジャージーを着た男たちが、頭から湯気を立ち上らせている姿だった。痛みをこらえて楕円球を抱え、相手にぶち当たる競技だと思っていた。

平尾さんは自身のプレーで、そんなイメージを塗り替えた。華麗という言葉しか思い浮かばないステップやパスで、我慢くらべやぶつかり合いに寄っていたラグビーに、球技という特性を回復させた。神戸製鋼では、プレーだけでなく、マネジメントでもラグビーに革新をもたらした。チームの弱点だったスクラムを避けようと、パスをつなぎ続け、球技指向をさらに強めていった。全体練習の回数を減らし、固定観念に縛られないポジション変更を断行した。

日本代表監督としては外国出身選手を多く起用し、主将にもニュージーランド出身のアンドリュー・マコーミックを抜擢した。映像によるプレーの分析や、若手育成でも新たな手法を取り入れた。常に何かを変えようとしていた。

中止、延期、無観客……。新型コロナウイルスの感染拡大で、スポーツ界は今、オリンピックをも揺るがす大混乱のまっただ中だ。昨年のワールドカップであれほど盛り上がったラグビーも、人気がしぼみかねない苦境に立たされている。こんなとき、平尾さんならどんなアイデアで打開を図るか。聞いてみたかったという思いが募る。

「他人と過去は変えられない。自分と未来は変えられる」

カナダの精神科医、エリック・バーンの言葉だ。詳しい知識があるわけではない。連載を始めた頃に在籍していた人事部健康対策室で、心療内科医を通じてたまたま知った言葉だ。「他人」と「過去」は変えられないから除外し、「自分」と「未来」にフォーカスする。諦めと、望みを捨てないことを対比させた名言だと思っている。

ただ、平尾さんにはこの言葉が当てはまらないようだ。付き合いのあったたくさんの「他人」に作用し、変化を促した。常に「自分」を刷新しようと頭を働かせ続けた。さすがに、魔法のごとく「過去」を変える手だては持ち合わせていなかった。では「未来」は？

日本ラグビーの未来は平尾さんの影響で変わったに違いない。ただ、自分の未来は……。

「変わらんかったな。でも、しゃあない」とおっしゃっているような気がする。

本書を作るにあたり、協力をいただいた多くの方々に感謝の意を記したい。とりわけ、その原動力となった込山記者には、縷々、お礼を申し上げたいが、それは一杯やりながらということで。

2020年春　読売新聞大阪本社・橋野薫

謝辞

刊行にあたって、まずはインタヴューを受けてくださった方々に、改めてお礼申し上げます。とりわけ写真家の岡村啓嗣さんには大変お世話になりました。若き平尾さんをとらえたカバーの写真をはじめ、岡村さんにしか撮れない傑作カットを何枚も収録させていただきました。時にはインタビューすべき方との連絡役も担ってくださる、取材の水先案内人でもありました。これほど親切なメディア界の先輩に出会えたこと自体が、私たちにとって大きな収穫となりました。

岡村さんにご紹介いただいた草思社の碇高明編集長は、私たち2人のオンライン連載に興味を持って、書籍化に導いてくださいました。ラグビー好きな碇さんは、私たちの執筆意図を尊重したうえで的確な助言をくださり、打ち合わせを毎回楽しめました。

本書のもとになった読売新聞オンラインでの連載は、阿部宗昭・東京本社メディア局編集部長の理解と協力なしには実現しませんでした。詳細は差し控えますが、いくつかの社内的なハードルを越えられたのは、部長が阿部さんだったからです。

ほか、お力添えいただいた方々をご紹介いたします。

平尾家のみなさま
土田雅人さん（日本ラグビー協会理事）

藪木宏之さん（日本ラグビー協会広報部長）
大友信彦さん（ラグビージャーナリスト）
ラグビーW杯日本大会組織委員会
ノエビアスタジアム神戸
京都大学iPS細胞研究所
クボタスピアーズ
日本将棋連盟広報部
同志社中学・高校
ラグビーバー「ノーサイドクラブ」
長谷川由紀さん＝読売新聞オンライン編集長、太田誠さん＝オンライン担当デスク、千葉直樹さん＝同上・現メディア局専門委員、風間徹也さん＝大阪本社運動部デスク、東京・大阪両本社の動画撮影チーム、高橋健太郎さん＝東京本社広告局

筆者2人の家族も、取材を応援してくれました。みなさま、ありがとうございます。

橋野薫、込山駿

215ページ：平博之（y）、1989年1月15日・国立競技場
219ページ：今利幸（y）、1991年1月8日・秩父宮ラグビー場　※合成は込山
223ページ：小西太郎（y）、1992年1月15日・国立競技場
227ページ：今利幸（y）、1990年12月24日・秩父宮ラグビー場

10

241ページ：左＝森田昌孝・尾崎孝（y）、1997年5月25日・花園ラグビー場
　　　　　右＝込山、2019年6月・読売新聞東京本社
247ページ：小野寺惇（y）、1987年5月
251ページ：秋山哲也（y）、1992年6月29日・ウィンブルドン
259ページ：込山、2019年6月・読売新聞東京本社

11

267ページ：左＝吉田淳（y）、1995年6月頃
　　　　　右＝風間徹也、2019年9月2日・神戸市御崎公園球技場
269ページ：枡田直也（y）、2019年9月20日・東京スタジアム
271ページ：込山、2019年9月3日・神戸市
275ページ：松本剛（y）、1998年9月15日・秩父宮ラグビー場
277ページ：風間徹也、2019年9月2日・神戸市御崎公園球技場
283ページ：伊藤紘二（y）、2018年12月15日・秩父宮ラグビー場
287ページ：込山、2019年9月2日・神戸市御崎公園球技場

エピローグ

297ページ：込山、2020年1月29日・オリンピックスクエア

（y）の写真はほとんど写真部カメラマンの作品です。ご協力ありがとうございます。

右＝込山、2019年２月・東京大学
107ページ：鈴木寛さん提供、2000年頃
109ページ：野本裕人（y）、2001年５月・神戸製鋼灘浜グラウンド

117ページ：鈴木毅彦（y）、2018年12月31日
127ページ：共同通信社提供、2015年９月19日・英国南部ブライトン
129ページ：中村光一（y）、2015年11月９日・首相官邸

6
133ページ：岡村啓嗣、1985年１月６日・国立競技場
137ページ：土田雅人さん提供、1983年頃
141ページ：佐藤俊和（y）、1996年１月28日・秩父宮ラグビー場
147ページ：川口敏彦（y）、1998年10月・シンガポール
153ページ：小西太郎（y）、1999年10月３日・ウェールズ
157ページ：込山、2019年３月８日・同志社岩倉グラウンド
159ページ：左＝伊藤紘二（y）、2019年10月13日・横浜国際総合競技場
右＝守屋由子（y）、1999年５月・花園ラグビー場
161ページ：土田雅人さん提供、1981年頃

7
171ページ：岡村啓嗣、1995年２月・代々木公園
175ページ：増田教三（y）、1994年１月15日・国立競技場
179ページ：岡村啓嗣、1995年・赤坂プリンスホテル
183ページ：左＝込山、2019年４月・読売新聞大阪本社
右＝平博之（y）、1989年１月15日・国立競技場

8
189ページ：（y）、1996年11月23日・秩父宮ラグビー場
197ページ：（y）、1996年11月23日・秩父宮ラグビー場
199ページ：清水暢和（y）、2001年11月頃
205ページ：込山、2019年５月10日・クボタ東京本社

9
211ページ：込山、2019年６月20日・日本ラグビー協会

使用写真データ　※撮影者は敬称略。(y) は読売新聞社の画像データベースの写真

1

15ページ：岡村啓嗣、2010年９月30日・京大ｉＰＳ細胞研究所

17ページ：込山、2019年７月

19ページ：川口敏彦 (y)、1990年１月15日・国立競技場

27ページ：岡村啓嗣、2010年９月30日・京大ｉＰＳ細胞研究所

29ページ：浜井孝幸 (y)、2018年11月25日

31ページ：込山、2019年７月・京大ｉＰＳ細胞研究所

2

39ページ：左＝笹井利恵子 (y)、1994年10月・花園ラグビー場

右＝吉野拓也 (y)、2017年11月・京都市宝が池球技場

43ページ：報知新聞社提供、1981年１月７日・花園ラグビー場

47ページ：山口良治さん提供、2011年

3

53ページ：岡村啓嗣、1983年４月・同志社岩倉グラウンド

59ページ：岡村啓嗣、1985年10月・イギリス

65ページ：込山、2018年12月11日・同志社岩倉グラウンド

4

71ページ：左＝榎本修 (y)、1982～1985年頃

右＝奥村宗洋 (y)、1986年３月・花園ラグビー場で

77ページ：吉川綾美 (y)、2012年９月・秩父宮ラグビー場

81ページ：吉川綾美 (y)、2012年９月・秩父宮ラグビー場

83ページ：杉本昌大 (y)、2019年９月25日、釜石鵜住居復興スタジアム

87ページ：今野洋一 (y)、1985年１月15日・国立競技場

91ページ：宮崎真 (y)、1985年１月15日・国立競技場

95ページ：平本貴史 (y)、1985年・エチオピア

5

103ページ：左＝蛸谷修 (y)、2003年８月

著者略歴――――

橋野　薫 はしの・かおる

読売新聞大阪本社勤務。1965年4月、京都市生まれ。同志社大学から89年に入社。京都総局を経て96年から通算17年、運動部記者としてラグビー、プロ野球などを担当。ラグビーワールドカップは2003、07年大会を取材した。運動部デスク、松江支局長などを務め、現在は販売局勤務。ラグビーは同志社香里高1年で始め、現役時代のポジションはスクラムハーフ。

込山　駿 こみやま・しゅん

読売新聞東京本社勤務。1973年3月、東京都生まれ。早稲田大学から96年に入社。2003～12年は運動部記者としてサッカー、ボクシング、大相撲などを担当。なでしこジャパン女子W杯優勝、亀田3兄弟のトラブル、新弟子死亡事件などを取材した。スポーツ以外では山形など5支局や中部支社（名古屋市）を渡り歩き、2017年9月から読売新聞オンラインの記者・編集者を務める。

平尾誠二を語る

2020年 4月28日　第1刷発行

著　者　橋野薫・込山駿
ブックデザイン　鈴木正道（Suzuki Design）
発行者　藤田　博
発行所　株式会社 草思社
〒160-0022　東京都新宿区新宿1-10-1
電話　営業 03(4580)7676　編集 03(4580)7680

本文組版　有限会社 一企画
本文印刷　株式会社 三陽社
付物印刷　株式会社 暁印刷
製本所　大口製本印刷 株式会社

ISBN978-4-7942-2452-1 Printed in Japan　検印省略

草思社刊

マインドセット
「やればできる！」の研究

キャロル・S・ドゥエック 著
今西康子 訳

成功と失敗、勝ち負けは、マインドセットで決まる。20年以上の膨大な調査から生まれた「成功心理学」の名著。スタンフォード大学発、世界的ベストセラー完全版。

本体 1,700円

アスリートは歳を取るほど強くなる
パフォーマンスのピークに関する最新科学

ジェフ・ベルコビッチ 著
船越隆子 訳

アスリートが加齢を味方につけることで熟年になってなお活躍する秘密に、トレーニング方法、栄養学、心理療法などから迫る。人生100年時代のスポーツ科学。

本体 2,000円

スタン・リー
マーベル・ヒーローを創った男

ボブ・バチェラー 著
高木均 訳

ヒーローたちはいかにして生み出されたのか？　アメコミ界のレジェンドがたどった山あり谷ありの人生を、米国のエンタメビジネスの盛衰とともに描く傑作評伝。

本体 2,400円

旅の効用
人はなぜ移動するのか

ペール・アンデション 著
畔上司 訳

世界中を旅してきたスウェーデンの人気作家が、旅の歴史や著名な紀行文学にも触れながら「人が旅に出る理由」を重層的に考察したエッセイ。心に沁みる旅論！

本体 2,200円

＊定価は本体価格に消費税を加えた金額です。